D1734364

für Buchautoren
Band 1: Einführung

Helmut B. Gohlisch wurde 1948 in Müllrose bei Frankfurt an der Oder geboren. Nach der Lehre als Radio- und Fernsehtechniker ging er zur Bundeswehr in die Fernmeldegeräteinstandsetzung. Anschließend arbeitete er acht Jahre als Programmierer bei der Rudolf Hell GmbH in Kiel und im Qualitätswesen der Salzgitter Elektronik in Flintbek, bevor er als Leiter des Qualitätswesens bei dem japanischen Druckerhersteller Seikosha ganz neue Aufgaben übernahm.

Als 1999 der Jahrtausendwechsel bevorstand, war er bei den Sparkassen und Volksbanken in Süddeutschland mit dabei, die EDV-Systeme und Geldautomaten auf diesen Wechsel vorzubereiten. Anschließend gab es dann wieder viel zu tun, als alle Geldautomaten am Ende des Jahres 2001 von der D-Mark auf den Euro umgerüstet werden mussten.

Wegen seiner Krebserkrankung GIST wurde er dann ein paar Jahre zu früh Rentner. Um den Krebs zu vergessen, meldete er ein Gewerbe an und installierte im Hamburger Bereich Alarmanlagen. Nach zehn Jahren übernahm sein langjähriger Geschäftspartner die Nachfolge.

Der neue Zeitvertreib bestand dann darin, seine Lebensgeschichte zu schreiben. Später veröffentlichte er dann noch zwei Bücher über die Krankheit GIST und deren Hintergründe und entdeckte dabei LaTeX, ein ideales Textsatzsystem, auch für Buchautoren. Natürlich wurde dann dieses Buch über LaTeX auch mit LaTeX erstellt.

für Buchautoren

Am Beispiel eines Taschenbuches im Format A5
Band 1: Einführung

Helmut B. Gohlisch

3. Auflage, Juli 2020

Bibliografische Information der Deutschen Nationalbibliothek: Die Deutsche Nationalbibliothek verzeichnet diese Publikation in der Deutschen Nationalbibliografie; detaillierte bibliografische Daten sind im Internet über www.dnb.de abrufbar.

© 2018 Helmut B. Gohlisch, 3. Auflage Juli 2020

Illustrationen: Verzeichnis in den Quellenangaben

Herstellung und Verlag:
    BoD – Books on Demand, Norderstedt

ISBN: 978-3-7528-7347-4

Die Informationen in diesem Buch habe ich mit größter Sorgfalt erstellt. Dennoch kann ich Fehler nicht ganz ausschließen. Autor und Verlag übernehmen keine juristische Verantwortung oder irgendeine Haftung für eventuell verbliebene Fehler und deren Folgen. Für Hinweise auf Fehler bin ich sehr dankbar. Machen Sie zu Ihrer eigenen Sicherheit regelmäßige Backups Ihrer Dokumente.

Inhaltsverzeichnis

»Public Domain image von Wikimedia Commons, „A History of Graphic Design",
John Wiley & Sons, Inc. 1998. (p 64)«

1 Einleitung

Wer Neues nicht wagt, am Alten verzagt.

(* 1947 Marion Gitzel, deutsche Schriftstellerin)

Dieses Buch wendet sich an alle aktiven und zukünftigen Buchautoren[1], die auf der Suche nach einem hervorragenden Text- und Layoutsystem sind, das Ihnen die Arbeit der Gestaltung weitgehend abnimmt, sodass man sich als Autor nur um den Text kümmern muss. Bitte erwarten Sie keine komplette Einführung in das hochkomplexe, aber einfach zu benutzende, Textsatzsystem LaTeX. Dafür gibt es wunderbare Fachbücher, die ich im Literaturverzeichnis aufgeführt habe. Aber auch im Internet gibt es viele Informationen und Foren mit hilfreichen Antworten auf fast jede mögliche Frage zu LaTeX. Und die Unterstützung für Neueinsteiger wird immer größer, denn wegen seiner hohen Flexibilität, der Qualität der PDF-Ausgabedatei und der Unabhängigkeit vom Betriebssystem, wird dieses Programm immer beliebter und gewinnt ständig mehr an Bedeutung. In diesem Buch geht es mir darum, alles das zu erklären, was ein Buchautor für die Erstellung des Buchblocks, den Seiten zwischen den beiden Buchdeckeln, benötigt, um einen Roman, eine Novelle, Kurzgeschichte oder Biografie zu schreiben. Das vorliegende Buch ist während meiner Einarbeitung in LaTeX aus der Praxis für die praktische Anwendung durch Sie entstanden. Ich würde mich freuen, wenn es Ihnen als Buchautor hilft, sich die notwendigen Grundkenntnisse anzueignen, um selber Bücher in LaTeX zu erstellen. In diesem ersten Band habe ich mich bewusst auf das Notwendigste beschränkt, was

Einführung für Buchautoren, kein LaTeX-Fachbuch. Es geht in diesem vorliegenden Band 1 mehr um fiktionale und schöngeistige Literatur (Belletristik) und weniger um Erstellung wissenschaftlicher Arbeiten.

Sie sind nicht allein!

---

[1]Um den Textfluss nicht zu unterbrechen, verwende ich nur die männliche Form von Personenausdrücken. Selbstverständlich ist damit auch immer die weibliche Form mit gemeint. Ich bitte um Verständnis.

ein Belletristik-Autor benötigt. Ich will Neueinsteiger in dieses interessante Textsatzsystem nicht gleich abschrecken, indem ich die fast unendlichen Möglichkeiten von LATEX hier aufzeige und sie mit Informationen erschlage, die man für ein normales textlastiges Buch nicht benötigt. Aus diesem Grund verzichte ich auch manchmal auf spezielle Fachbegriffe, soweit diese durch allgemein bekannte Worte ersetzt werden können.

Keine Angst, einen kleinen Einblick bekommen Sie im Kapitel **Grundlagen** ab Seite 53 auch schon in diesem Buch.

In einem zweiten Band meiner LaTeX-Bücher werde ich dann für Interessierte, die mehr aus diesem System herausholen möchten, etwas tiefer in die Grundlagen eingehen und erklären, wie man bestimmte Formatierungen und individuelle Anpassungen vornehmen kann. Außerdem wird es noch mehr Informationen zur Einbindung und Bearbeitung von Bildern, Grafiken und Tabellen geben. Sie werden dann auch erfahren, wie einfach es ist, in LATEX wunderschöne Grafiken zu erstellen, ohne einen Zeichenstift oder die Maus in einem Zeichenprogramm zu benutzen. Ein paar Textzeilen reichen aus, um zum Beispiel Figuren oder auch unsere Erde zu zeichnen. Eben alles, was man benötigt, wenn man nicht nur ein reines Textbuch schreiben möchte.

X wie ch

Wohl fast jeder, der anfängt mit dem LATEX-System zu arbeiten, und der das Wort vorher nie gehört hat, macht den gleichen verzeihlichen Fehler, wenn er nicht gerade aus Griechenland oder dem Kyrillischen kommt. Das »X« in diesen beiden Sprachen ist halt ein »ch« oder »chi«. Auch unser Wort für Technik kommt aus der griechischen Sprache (siehe nebenstehende Abbildung) und enthält in der griechischen Ursprungssprache das »X«, das wir als »ch« übernommen haben. Selbst die Briten und Amerikaner haben das »ch« beibehalten, was man an ihrem Wort für Technik (»technique«) erkennen kann. Sie sprechen das »ch« dann aber als »k« aus.

Τεχνική

Damit Sie nicht den gleichen Anfängerfehler machen und LaTeX falsch aussprechen, so wie ich anfangs, hier der erste Tipp in diesem Buch:

**LaTeX wird wie »Latech« ausgesprochen
und TeX natürlich wie »Tech«.**

Anmerkung: Hier in der Einleitung habe ich noch die Originallogos von TeX und LaTeX benutzt. Wegen der besseren Lesbarkeit nutze ich im Folgenden diese Begriffe in der Standardschrift.

»Spiegel Online vom 26.04.2008«

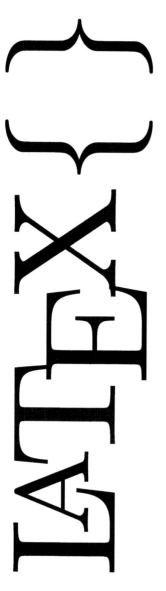

Viel Erfolg mit LATEX beim Schreiben ihres nächsten Buches wünscht Ihnen Helmut B. Gohlisch.

Sollten Sie einmal, trotz Suche, keine Lösung für ein Problem finden, können Sie mich auch gerne per E-Mail kontaktieren. Ich werde versuchen, Ihnen zu helfen. Weitere Informationen zum Buch finden Sie auf meiner Webseite (siehe Info-Seite 227 am Ende des Buches).

2 Keine Angst vor LaTeX

> Mögen Schwierigkeiten noch so groß sein, sie bedeuten nichts, wenn man ernstlich will!
>
> *(1880 – 1942, Robert Musil, österreichischer Novellist und Dramatiker)*

Zunächst möchte ich Ihnen an einem Beispiel zeigen, dass LaTeX nicht so schwierig ist, wie Sie vielleicht gedacht haben. Oben der Eingabetext, unten der Ausdruck[1].

Zeile 1: Papier- und Schriftgröße, Dokumentenart,
Zeile 2: Beginn des Dokumentes
Zeile 4: Überschrift groß und zentriert
Zeile 5: Hier folgt der Text
Zeile 7: Ende des Dokumentes

```
1  \documentclass[paper=A5,fontsize=11pt]{scrbook}
2  \newcommand{\minititel}[1]{\LARGE{\centerline{#1}}\small}
3  \begin{document}

5  \minititel{Wunder der Zelle}% eigener Befehl in der Präambel
6  Selbst die allereinfachste Art von Zelle, die wir kennen, ist so
   komplex, dass wir unmöglich annehmen können, ein solches Gebilde
   sei einfach so urplötzlich durch irgendein unberechenbares und hö
   chst unwahrscheinlichstes Zufallsereignis entstanden. Dies wäre
   gleichbedeutend mit einem \textbf{Wunder}.

8  \end{document}
```

Listing 1: Ein einfaches LaTeX Dokument

Wunder der Zelle

Selbst die allereinfachste Art von Zelle, die wir kennen, ist so komplex, dass wir unmöglich annehmen können, ein solches Gebilde sei einfach so urplötzlich durch irgendein unberechenbares und höchst unwahrscheinlichstes Zufallsereignis entstanden. Dies wäre gleichbedeutend mit einem **Wunder**.

Ein LaTeX-Dokument beginnt immer mit der Definition der Dokumentenklasse (Zeile 1). In dieser wird mindestens die Art des Dokumentes (hier »scrbook« für eine Buchvorlage)

---

[1] Der Beispieltext ist ein Zitat von Dr. Michael Denton, amerikanischer Arzt und Molekularbiologe, geboren 1943.

festgelegt. Die Standardpapiergröße ist DIN A4 und die Standardschriftgröße beträgt 11 Punkt in der Dokumentenklasse »scrbook«. Im Beispiel habe ich A5 Papier und eine Schriftgröße von 11 Punkt eingestellt. Dieses Buch hat ein Papierformat von 17x22 cm und wurde in Schriftgröße 12 Punkt gesetzt. Zum Übersetzen in eine PDF-Datei habe ich XeLaTeX verwendet, einer erweiterten LaTeX-Version.

Weitere Einstellungen in der Dokumentenklasse wie unter anderem Bindungsabzug und Satzspiegel werden Sie später noch kennenlernen. Alle diese Angaben dienen dazu, ein passendes Layout und ein schönes Erscheinungsbild Ihres Dokumentes zu erzeugen.

In einem zweiten Teil der Präambel[2] nach der Dokumentenklasse werden weitere Softwarepakete nachgeladen, die zum Beispiel für die Erstellung von Grafiken benötigt werden. Für einen Roman werden da kaum weitere Pakete benötigt. In der Präambel erfolgen dann gegebenenfalls noch weitere Voreinstellungen und für ein Buch werden die Schmutztitel- und Titelseite und deren Rückseiten vorbereitet. Wie diese vorbereitet werden, erfahren Sie später. Für das kleine Beispiel aus Listing 2 benötigen wir keine Zusatz-Programmpakete.

Dann kann es aber auch gleich mit Ihrem eigentlichen Buchtext losgehen. Zeile 2 leitet das eigentliche Dokument ein. Ganz wichtig ist, dass Sie am Schluss nicht die Zeile (hier 7) mit dem »\end{document}« vergessen. Aber Schritt für Schritt werden Sie in diesem Buch alles erfahren, was ein Buchautor wissen muss.

---

[2]So heißen die Voreinstellungen am Anfang eines LaTeX-Dokumentes, bevor der eigentliche Inhalt beginnt.

3 TEX – Ein junggebliebener Oldie

Mögen Schwierigkeiten noch so groß sein, sie bedeuten nichts, wenn man ernstlich will!

(1880 – 1942, Robert Musil, österreichischer Novellist und Dramatiker)

LaTeX ist ein aus dem Vorläufer TeX weiterentwickeltes Textsatzsystem. Neben LaTeX gibt es noch einige weitere Entwicklungen, die alle auf TeX basieren. Jedes dieser Systeme hat seine Vor- und Nachteile. In diesem Band 1 werde ich überwiegend LaTeX und PdfLaTeX behandeln. Urvater des Programms TeX ist Donald E. Knuth, der 1977 an der Stanford University begann, ein Textverarbeitungssystem auf Unix Rechnern zu entwickeln, um damit wissenschaftliche Arbeiten zu erstellen. Das System sollte als freie Software (OpenSource) rechner- und betriebssystemunabhängig auf allen verfügbaren Computerplattformen vom Mikrocomputer bis zum Großrechner laufen. Einfach ausgedrückt erstellt TeX im sogenannten Übersetzungsvorgang aus dem mit einem Editor erstellten Text eine Datei, die beschreibt, wie das Dokument auszusehen hat. Es ist eine Art Grafikdatei, die unabhängig vom Ausgabegerät immer gleich aussieht. Und so ist es auch noch heute. In den meisten Fällen wird heute eine PDF-Datei als Ausgabedatei erstellt, die dann auf dem Bildschirm mit einem PDF-Reader angesehen oder auf einem beliebigen Drucker ausgedruckt werden kann. Als Buchautor werden Sie diese PDF-Datei, den sogenannten Buchblock, an Ihren Verlag senden. Ein Schwerpunkt bei der Entwicklung von TeX war damals die korrekte Darstellung auch komplizierter wissenschaftlicher Formeln. Selbst heute, über 40 Jahre später, reicht keine andere Textverarbeitung an die korrekte Formeldarstellung heran. Das Programm machte zunächst unter dem Namen TeX (den

Donald Ervin Knuth, amerikanischer Mathematiker und Informatiker, geb. 10.1.1938 in Milwaukee, Wisconsin. Seit dem 1.1.1990 besitzt er keine E-Mail-Adresse mehr, um sich auf seine Arbeit konzentrieren zu können. 1993 trat er in den Ruhestand, arbeitet aber auch als emeritierter Professor weiter an seinem Werk »The Art of Computer Programming«.

griechischen Buchstaben Tau, Epsilon und Chi) als ein System für technischen Text Geschichte. Es verbreitete sich schnell unter Wissenschaftlern und dabei wurden dann mit zunehmender Anwenderzahl auch die Probleme deutlich, die viele Anwender mit dem Layout der Texte und den wenig verständlichen Befehlen hatten. Auch die erforderlichen Handlungsabläufe, um aus dem erstellten ASCII-Text eine druckbare Datei zu machen, überforderte alle, die nicht gerade in der damals noch dünn besiedelten IT-Welt aufgewachsen waren. Die Anwendung der Software blieb daher anfangs nur Programmierprofis vorbehalten, da TeX mehr einer Programmiersprache ähnelte, als einem Textverarbeitungssystem.

Leslie Lamport, amerikanischer Mathematiker, Informatiker und Programmierer, geb. 7.2.1941 in New York. Seit 2001 arbeitet er für Microsoft Research.

Hier kam dann Leslie Lamport ins Spiel. Er entwarf das LaTeX-System, ein Softwarepaket, das die Benutzung von TeX deutlich vereinfachte, da es die kryptischen TeX-Anweisungen durch verständliche Makros (auch Befehle genannt) ersetzte. Durch Aufruf eines kurzen Makros wird ein Befehl ausgelöst, der eine mehr oder wenige große Anzahl von TeX-Anweisungen ausführte, um die sich der Anwender jetzt nicht mehr im Einzelnen kümmern musste. Um den Text hier am Rand zu erstellen, genügt es, diesen in geschweifte Klammern zu setzen und den Befehl »\marginpar« davor zu schreiben. »Margin« bezeichnet die Randspalte und »par« ist die englische Kurzbezeichnung für einen Absatz (engl. paragraph). Ein Befehl in LaTeX beginnt immer mit einem Backslash »\« und kann weitere {Parameter} und [Optionen] enthalten. Pflichtangaben werden in geschweiften Klammern angegeben. Optionale Angaben erkennt man an den eckigen Klammern. Während die Angabe von Optionen, wie der Name schon ausdrückt, erfolgen kann oder auch nicht (die Angabe ist optional und nicht unbedingt erforderlich), ist die Angabe von bestimmten erforderlichen Parametern zum Befehl Voraussetzung für die korrekte Ausführung des Befehls. Zum nachfolgend am Rand dargestellten

16

Beispiel für Fettdruck ist die Angabe (der Parameter) erforderlich, was denn in fett ausgedruckt werden soll. Dieser Text wird innerhalb von geschweiften Klammern eingegeben. Die Klammern sind erforderlich, damit das Programm weiß, wo der Fettdruck anfangen und wo er aufhören soll.

Befehl ohne Option: \textbf{»Text«} gibt den Text innerhalb der geschweiften Klammern in **Fettdruck** aus.

Das Dokumentenlayout (Ein Artikel, Brief oder Buch) wird aufgrund einiger weniger Vorgaben (Papiergröße, Schriftart, Schriftgröße ...) berechnet, sodass es erprobten typografischen Vorgaben aus dem Buchdruck entspricht. Der Autor muss sich nicht mehr um Größe der Ränder, Abstände der verschiedenen Abschnitte oder Schriftgrößen von Titeln, Untertiteln und Standardtexten kümmern. Alles wird aus wenigen Vorgaben des Nutzers berechnet, die dieser dem Dokument am Anfang in der sogenannten Präambel[1] mitteilt. Daraus werden die benötigten Daten auf Basis der langen Erkenntnisse aus dem Buchdruck nach typografischen Gesichtspunkten berechnet.

Das »bf« in dem Befehl ist eine Kurzform von »boldface«, was Fettdruck bedeutet.

Typografisches Design bedeutet aber nicht nur ein schönes Layout, sondern noch wichtiger ist eine leichte Lesbarkeit, die man durch gute Gliederung, nicht zu lange Textzeilen, klare Schriftarten und die richtige Schriftgröße erreicht. Dazu gehörte früher sehr viel handwerkliches Geschick der Buchdesigner und Schriftsetzer, das erst erlernt werden musste. Heute übernimmt oftmals LaTeX die Funktion des Schriftsetzers und Designers, da es in vielen Bereichen an Universitäten, Instituten und zunehmend auch in Firmen und im Privatbereich eingesetzt wird. Bei Dissertationen, Doktorarbeiten und wissenschaftlichen Artikeln ist es zum Standard geworden. Und zunehmend trauen sich auch Buchautoren an diese Software, die von den Unzulänglichkeiten anderer Text- und Layoutprogramme enttäuscht sind. Ich denke da zum Beispiel nur an dynamische Kopfzeilen, automatische Erstellung diverser Ver-

LaTeX erstellt auf Wunsch zum Beispiel Inhalts-, Abkürzungs-, Abbildungs-, Tabellen- und Quellenverzeichnisse.

---

[1]So heißen bei LaTeX die schon erwähnten wenigen Layoutvorgaben

zeichnisse, automatische Seitennummerierung und das Weglassen der Seitennummern auf leeren Seiten. Das Laden und Speichern auch großer Dokumente, wie zum Beispiel ein Buch, geht sehr schnell. Ich bemerke praktisch keinen Unterschied in der Bearbeitung, obwohl dieses Buch noch ständig wächst. Ich schreibe im Editor (linke Seite auf dem Bildschirm) und schaue mir alle paar Seiten nach einem Übersetzungsvorgang das Ergebnis auf der rechten Bildschirmseite an. Wer einen Roman schreibt, und nicht wie ich in diesem Buch laufend Fußnoten, Randbemerkungen oder Bilder einfügt, der kann die Sichtkontrolle der PDF-Ausgabedatei auch in größeren Abständen vornehmen und sich wirklich erstmal nur um seinen Text kümmern. Einen Vorteil hat das Übersetzen des Textes zwischendurch doch noch. Es erfolgt dabei automatisch eine Speicherung des Textes. Wenn eines meiner Bücher in anderen Textprogrammen mal deutlich über die zweihundert Seiten groß wurde, fingen oft die Probleme an. Das Buch dann in einzelne Abschnitte zu unterteilen war zwar möglich, brachte in dem einen oder anderen Programm dann aber wieder andere Probleme mit sich. So etwas oder Abstürze, die ich leider aus anderen Textprogrammen kenne, habe ich mit LaTeX bisher noch nicht erlebt.

*Denken sie trotzdem an regelmäßige **Datensicherung** auf einem anderen Datenträger. Ich speichere mein Dokument hin und wieder auch mit Datum und Uhrzeit ab (Test-180823-1245.tex), um ggfs. auf eine frühere Version oder Teile daraus zurückgreifen zu können.*

Mitte 1985 wurde LaTeX in der Version 2.09 zur Nutzung freigegeben und bis Ende 1989 von Leslie Lamport betreut. Aktuell liegt das Softwarepaket in der Version 2ε vor, die bereits seit 1989 von einem Autorenteam[2] weiter entwickelt wurde. Sie werden es vielleicht schon erkannt haben. Der Programmname LaTeX besteht aus dem Ursprung TeX, dem Leslie Lamport die ersten beiden Buchstaben seines Nachnamens vorangestellt hat (**LA**mport **TeX**). LaTeX-Installationen gibt es für viele Unix- und Linux-Distributionen, Apple macOS und Windows

---

[2]Frank Michelbach, Michel Goossens, Chris Rowley, Rainer Schöpf, Herbert Voß und andere

Betriebssysteme ab Version 3.x bis zur aktuellen Version 10. Welche andere Software kann das von sich behaupten? Und LaTeX ist kostenlos. Das ist aber keinesfalls der größte Pluspunkt! Es sind die Möglichkeiten, die das Programm bietet, und die es zum führenden Textsatzsystem im wissenschaftlichen Bereich gemacht haben. Während in einfachen Textverarbeitungsprogrammen eine abgeschlossene Zeile (nach einem Zeilenumbruch) nicht mehr automatisch verändert wird, berechnet LaTeX bei der Übersetzung Ihres Textes in eine PDF-Datei[3] keine Einzelzeilen, sondern immer ganze Absätze, um die optimale Textaufteilung mit einem möglichst harmonischen Schriftbild ohne große Zwischenräume und mit möglichst wenigen Worttrennungen zu erreichen. Warum sollen wir Autoren dieses ideale Textsatzsystem nur den Studenten und Wissenschaftlern überlassen und nicht auch von diesem intelligenten, integrierten und automatischen Layouter profitieren? Während wir uns um die Formulierung des Textes kümmern, sorgt LaTeX durch seine Fähigkeiten für ein ansprechendes Design. Wenn Sie mit zusammengekniffenen Augen auf eine reine Textseite schauen, sollten sie ein gleichmäßiges graues Feld sehen, ohne weiße Lücken und ohne schwarze Streifen. Außerdem ist es sehr einfach, ein Inhaltsverzeichnis, ein Literaturverzeichnis oder auch einen Index (Stichwortverzeichnis) zu erstellen. Einen kleinen Teil aller Möglichkeiten werde ich Ihnen in diesem Buch aufzeigen, wobei die genannten Verzeichnisse für einen Romanautor wohl keine Rolle spielen. Alles andere, was Sie als Autor wissen müssen, um den Buchblock für ein Taschenbuch im Format DIN A5 zu erstellen, werde ich Ihnen aber zeigen. Ein mögliches Ergebnis halten Sie als Beispiel gerade in der Hand, auch wenn dieses Buch ein wenig größer als das A5-Format ist. Allerdings werde ich nicht alle Techniken und Befehle, die ich für dieses Buch verwendet habe, in diesem

Absätze werden optimiert, nicht **Zeilen.**

Leider habe ich LaTeX erst kennengelernt, als ich mit anderer Software an Grenzen stieß, die sich nicht oder nur kompliziert lösen ließen.

---

[3]Die Übersetzung erfolgt mit **PDFLaTeX**, einem Programm, das im Werkzeugmenü von TeXMAKER enthalten ist.

Band 1 beschreiben, da diese für den Romanschreiber nicht benötigt werden. Wie sie vielleicht auf den ersten Seiten gesehen haben, bietet LaTeX auch die für einen Buchautor wichtige Möglichkeit der Erstellung von Schmutztitel und Titelseite an (siehe Abbildung). Dabei übernimmt es LATEX selbst, diese Seiten zwar mitzuzählen, aber keine Seitenzahlen auszugeben. In vielen anderen Programmen müssen Sie sich darum selber kümmern. Wer wissenschaftliche Arbeiten erstellen will, dem empfehle ich einen Blick auf die im Literaturverzeichnis aufgeführten Quellen, die ich im Buch mit einer Zahl in eckigen Klammern (Bsp. [1]) gekennzeichnet habe. Aber vielleicht sollten Sie als Einsteiger in das LaTeX-System erst einmal weniger lesen als schreiben. Lassen Sie LaTeX doch zeigen, was es aus Ihrem Text macht. Mit ein paar Angaben geben Sie das Wesentliche für Ihr Dokument (ein Buch) an und überlassen LaTeX die Formatierung. Natürlich benötigen Sie zum Start nicht nur einige Grundkenntnisse, die ich Ihnen nachfolgend vermitteln möchte, sondern natürlich auch die Software. Darum erfahren Sie im nächsten Kapitel zunächst, wie Sie Ihren Rechner einrichten und danach beginne ich mit einem kleinen Übungsbeispiel, das auch dazu dient, zu testen, ob Ihre Installation erfolgreich war.

Bevor Sie jetzt denken, dass LaTeX durch die Vorgaben dann doch ein sehr starres System sei, möchte ich Sie beruhigen. Soviel Einfluss auf die Darstellung, wie in LaTeX haben Sie in keinem mir bekannten Programm. Nur sollte man das nur mit Bedacht nutzen, um den großen Vorteil der typografischen Korrektheit von LaTeX nicht zu zerstören. In das Programm ist sehr viel Fachwissen von Grafikern und Druckern eingeflossen. Wer sich gut auskennt, kann sogar neue Befehle (commands) erstellen oder systemspezifische Anweisungen umkonfigurieren (renewcommand). Wer sich daran wagen will, sollte sich aber vorher intensiv in die Grundlagen des Textsatzsystems einlesen, sonst richtet er mehr Schaden als Nutzen an. Als Buchautor müssen Sie sich damit nicht befassen, nur um einen Roman oder eine Biografie zu schreiben. Auch die meisten der schon erwähnten Fähigkeiten von LaTeX werden Sie nicht benötigen. Deshalb haben Sie keine Scheu, auch wenn ich vorher von wissenschaftlichen Formeln und Anwendungen geschrieben habe. Erst im zweiten Band meiner LaTeX-Reihe werde ich für alle, die deutlich mehr aus LaTeX herausholen wollen, genauer auf Einzelheiten zur Erstellung und Bearbeitung von Bildern, Grafiken und Tabellen sowie einigen mathematischen Anwendungen eingehen.

Überlassen Sie LaTeX das Layout

Ich habe dieses Buch für Autoren auch in der Absicht geschrieben, dass der eine oder andere Romanschreiber nicht erst anfängt, mit irgendwelchen Textprogrammen seine Bücher zu schreiben und dann viel Zeit in das Layout stecken muss. Ich möchte ihm oder ihr die Enttäuschungen und Probleme ersparen, die schon viele letztendlich zu LaTeX gebracht haben. Ersparen Sie sich den Umweg, den auch ich leider gegangen bin, weil man weder in der Werbung noch in der Standardpresse etwas über LaTeX hört. Das ist allerdings kein Wunder, da man LaTeX nicht kaufen kann und somit auch niemand daran verdient. Durch fehlende rechtzeitige Information werden wohl viele ihre ersten Texte mit anderen Programmen erstellen, bevor sie bei steigenden Ansprüchen dann vielleicht doch auf die Suche gehen. Vielleicht spielt auch die Vorstellung eine Rolle, das etwas nicht gut sein kann, was nichts kostet. Aber dafür gibt es schon viele Gegenbeispiele und TeX bzw. LaTeX ist wohl eines der Flaggschiffe davon. Was ich mir an Wissen angelesen habe, um dieses Buch zu erstellen, habe ich dann auch hier kompakt zusammengefasst, sodass Sie vielleicht nicht solange suchen müssen, um Ihr erstes Buch in LaTeX zu schreiben. Es ist absolut kein ausführliches LaTeX-Fachbuch, eher ein Kompendium[4] für Buchautoren. Was man als Autor und absoluter Neueinsteiger in das LaTeX-Textsatzsystem schon nach kurzer Einarbeitung machen kann, sehen Sie in dem Buch, das Sie hier gerade lesen. Es ist mein erstes Buch, das ich mit LATEX erstellt habe, nachdem ich vorher mit Word, InDesign und QuarkXPress gearbeitet hatte. Wenn Ihnen das Ergebnis gefällt und Sie das Buch gelesen haben, werden Sie auch in der Lage sein, Ihr eigenes Buch mit LaTeX zu erstellen. Es ist leichter, als es auf den ersten Blick aussieht und sich vielleicht bisher auch angehört hat. Ein paar Kapitel weiter werden Sie erleichtert feststellen, dass Sie sich nach Fertigstellung der Präambel fast nur noch um Ihren Text kümmern müssen. Der von Ihnen eingegebene Text wird Quellcode genannt, weil er der Ursprung für das Übersetzungsprogramm ist, das aus diesem Text eine PDF-Ausgangsdatei macht. Dieses Übersetzen haben Sie auch in anderen Textprogrammen durchführen müssen, um aus Ihrer Textdatei eine druckfertige Ausgabedatei im PDF-Format zu erstellen, die als Buchblock an den Verlag gegeben wird. Der Quellcode besteht dabei aus der Präambel mit den wesentlichen Vorgaben und dem Dokumententeil, der Ihren eigentlichen Text enthält.

Ihre Präambel ist mit wenigen Änderungen, wie Titel und ISBN, wiederverwertbar und Sie müssen sich für weitere Bücher nur um den folgenden Teil kümmern.
\begin{document}
Hier steht mein Romantext, meine Biografie oder was auch immer.
\ende{document}

Da Sie den Präambel-Teil mit wenigen Änderungen, die die Titelei [5] betreffen, immer wieder verwenden können, ist der Vorbereitungsaufwand für das zweite und folgende Bücher deutlich geringer und meist in wenigen Minuten erledigt. Vielleicht kommen Sie dann auch zu der Meinung, dass LaTeX nicht so kompliziert ist, wie man oft hört, wenn man erzählt, dass man in Zukunft seine Bücher mit LaTeX erstellen will. Wer behauptet, LaTeX sei zu kompliziert, um es zu begreifen, hat wahrscheinlich nie ernsthaft den Versuch unternommen, sich mal ein wenig mit dem Textsatzsystem zu beschäftigen. Ich

---

[4]kurz gefasstes Lehrbuch
[5]Schmutztitel und Titelseite mit Ihren Rückseiten

habe mal in einem Forum gelesen, dass ein wohl ungeduldiges Mitglied dort sinngemäß schrieb, das Leben sei ihm zu kurz, um sich in LaTeX einzuarbeiten. Die Antwort eines anderen Mitglieds in dem Forum lautete kurz und knapp etwa »Mein Leben ist auch begrenzt. Deshalb benutze ich Latex.«

Kompliziert finden viele die Prozedur, um zum Beispiel einfachen Textverarbeitungen beizubringen, leere Seiten oder die Titelei nicht mit Seitennummern zu versehen. Manche verzweifeln fast daran. Da gibt es zum Beispiel Vorschläge, die Seitenzahl mit einem kleinen weißen Rechteck zu überdecken. Die verschiedenen Autoren-Foren sind voll von Fragen nach Lösungen dieser Art. In LaTeX kann ich einzelne Seiten oder auch mehrere hintereinander mit einem Befehl von Seitenzahlen befreien[6].

Und wer ehrlich zu sich selbst ist, wird zugeben, dass er bei so manchem Formatierungswunsch oder dem Erstellen eines speziellen Verzeichnisses fast verzweifelt ist. Es gibt sehr viele Punkte, die eine WORT-Verarbeitung von einem professionellen Textsatzsystem unterscheiden. Wahrscheinlich schreckt aber die Präambel von LaTeX mit den Voreinstellungen etwas ab. Aber die wird, wie schon erwähnt, einmal erstellt und kann für gleichartige Dokumente immer wieder benutzt werden. Wer zum ersten Mal das Programm »Excel« benutzt, wird wahrscheinlich auch behaupten, es sei kompliziert zu bedienen. Aber nach kurzer Einarbeitung stellt man fest, dass man eine ganze Menge damit anstellen kann und es doch nicht so schwer zu bedienen ist. Will man mehr damit anfangen, als einfache Tabellen zu erstellen oder mit den Grundrechenarten herumspielen, muss man sich bemühen, weitere Befehle zu lernen. So ist es auch mit LaTeX. Ein einfaches Dokument ist schnell

Leslie Lamport hat einmal gesagt »Visuelle Systeme mögen bequemer sein für kurze, einfache Dokumente wie Liebesbriefe oder Wäschelisten. Logische Systeme wie LaTeX sind aber besser für komplexere Dokumente wie Bücher und technische Artikel.« Mit den visuellen Systemen hat er wohl Word und Co. gemeint.

---

[6]Für eine Seite reicht eine Zeile am Seitenanfang:
   \thispagestyle{empty}

erstellt. Ein Fachbuch mit Tabellen, Bildern, und chemischen Formeln erfordert aber mehr Einarbeitung. Wenn Sie dieses Buch gekauft haben, sind Sie ja schon einen deutlichen Schritt weiter, als die »ist ja viel zu kompliziert«-Sager. Und ich hoffe, es bleibt auch nach dem Durcharbeiten dieses Buches so.

Ich hatte zwischendurch in einer Fußnote kurz erklärt, dass die Umsetzung Ihrer Eingabedatei in ein PDF-Dokument mit **PDFLaTeX** erfolgt. LaTeX würde aus Ihrem Text eine DVI-Datei machen. Vereinfacht ausgedrückt steht in einer DVI-Datei zum Beispiel nur der Befehl »fett« oder »groß«. Im Ausgabegerät, zum Beispiel einem Drucker, muss dieser Befehl dann ausgewertet und an die Druckereinheit weitergegeben werden. Ähnlich arbeitet auch eine PDF-Datei, die auch auf verschiedenen Geräten die gleiche Ausgabe erzeugen soll, egal ob es ein Monitor oder ein Tintenstrahldrucker ist. Als Buchautor geben Sie heute Ihren Buchblock standardmäßig als PDF-Datei an den Verlag. Deshalb nutzen wir für das Übersetzen **PDFLaTeX** und nicht LaTeX selbst. Wenn ich im weiteren Text von LaTeX schreibe, so meine ich beim Übersetzen in eine PDF-Datei immer PDFLaTex. Ausnahmen werde ich später noch erläutern, wenn wegen bestimmter Zusatzpakete (z. B. »PSTricks«) ein anderes Übersetzungsprogramm (auch eine TeX-Variante) verwendet werden muss. So sieht in der Regel der Arbeitsablauf aus, wenn Sie ein LaTeX-Dokument erstellen und daraus mit PDFLaTeX eine PDF-Datei machen[7]:

DVI: engl. Device independent file, Zeichensätze sind nicht in der Datei enthalten, sondern sie müssen angepasst auf dem Ausgabegerät vorhanden sein.

> LaTeX-Eingabedatei im Editor erstellen ⇒ PDFLaTeX Übersetzung starten ⇒ PDF-Ausgabe ansehen oder ausdrucken
> Auf der Seite 35 ist der Ablauf der Dokument-Erstellung nochmal bildlich dargestellt.

---

[7]Auch XeLaTeX erzeugt eine PDF-Datei und funktioniert auch mit PSTricks-Grafiken. XeLaTeX ist ebenfalls im Werkzeugmenü von TeX-MAKER enthalten

3.1 Vor- und Nachteile von LaTeX

Bevor ich nun zur Beschreibung der Softwareinstallation kom-me, möchte ich kurz zusammenfassen, warum es sich lohnt, den Umstieg auf dieses Textsatzsystem zu wagen. Ich habe deshalb nachfolgend die Vor- und Nachteile von LaTeX gegenüber rei-nen Textverarbeitungen und einfachen Layoutprogrammen in Stichpunkten zusammengefasst.

- Die Qualität der erzeugten PDF-Datei ist sehr hoch. Das betrifft auch Bilder und Grafiken. In anderen Program-men muss man aufpassen, dass die Qualität nicht auto-matisch reduziert wird.

- Ein LaTeX-Dokument sieht immer gleich aus, egal mit welchem Betriebssystem oder auf welcher Hardware Sie es erstellen, ansehen oder ausdrucken. Der Austausch der Quelldatei zwischen der Windows-, der Linux- und der Mac-Welt ist kein Problem. Versuchen Sie das mal mit einer anderen Textverarbeitung. Und die PDF-Ausgabedatei ist natürlich auch hardware- und betriebs-systemunabhängig.

- Die vom Anwender erstellte Eingabedatei (der Quelltext, wie ich ihn schon nannte) wird in reinem ASCII-Text erfasst. Diese Dateien sind völlig unabhängig von irgend-welchen proprietären[8] Programmen und können von je-dem einfachen Editor gelesen und bearbeitet werden.

- LaTeX ist ein sehr stabiles Programm – unabhängig von der Größe des erstellten Dokumentes. Selbst nach einem (bisher nicht erlebten) Programmabsturz wäre ein Da-

---

[8]Proprietäre Software bezeichnet eine Software, die das Recht und die Möglichkeiten der Wieder- und Weiterverwendung sowie Änderung und Anpassung durch Nutzer und Dritte stark einschränkt. (Wikipe-dia.org)

tenverlust aufgrund korrupter Textdaten ausgeschlossen. Anders sieht es da mit Dateien in proprietären Textprogrammen aus, die sich nach einem Stromausfall unter Umständen nicht mehr öffnen lassen, weil in der Formatierung ein Bereich beschädigt wurde.

- LaTeX hat nur geringe Anforderungen an die Hardware des verwendeten Rechners und ist für viele Betriebssysteme verfügbar. Das werden gerade Autoren schätzen, die Ihre Texte oft auch unterwegs zum Beispiel auf einem Notebook weiterbearbeiten.

- Der erzeugte Buchblock (die PDF-Datei) dieses Buches mit 228 Seiten und 37 farbigen und etlichen s/w-Abbildungen hat nur eine Größe von etwas über 28 Megabyte. Das Tex-Dokument ist sogar nur 364 Kilobyte groß und damit sehr »handlich«. Solche Dateien lassen sich problemlos auch auf älteren Rechnern mit geringer Hardwareausstattung bearbeiten.

- LaTeX ist sehr gut dokumentiert. Neben unzähligen Fachbüchern gibt es auch im Internet Informationen und Anleitungen zu beinahe jedem Anwendungsfall und sehr viele Foren, die sich mit *TeX, LaTeX, KOMA-Script* sowie allen Zusatzkomponenten beschäftigen. Und mit diesem Buch gibt es nun auch Hilfe speziell für Autoren, die ein einfaches Taschenbuch mit LaTeX erstellen wollen.

- LaTeX ermöglicht es mit kleinen Zusatzpaketen Zeichnungen anzufertigen, ohne ein großer Malkünstler zu sein. Ein paar Zeilen Text an Stelle des Malpinsels oder der Maus im Zeichenprogramm zaubern die tollsten Grafiken. Ein paar Beispiele findet man ab Seite 155.

- Es gibt eine sehr große LaTeX-Gemeinschaft, und es gibt mittlerweile für sehr viele Spezialgebiete Zusatzpakete, die die Arbeit sehr erleichtern. Ich möchte nur auf das Beispiel auf Seite 159 hinweisen, wo mit wenigen Zeilen

Text ein Globus gezeichnet werden kann. Das zugehörige Listing finden Sie auf Seite 160.

- Und nicht zuletzt gefällt mir auch, dass man Kommentare oder Informationen über den Bearbeitungsstand ganz einfach in das Dokument schreiben kann, ohne dass diese mit ausgedruckt werden. Über die Suchfunktion kann man diese Stellen schnell aufsuchen. Auch wenn ich im Buch keine Leerzeile zwischen den Absätzen nutzen würde, könnte ich im Editor beliebig große Leerräume lassen, um den Text im Editor deutlich zu untergliedern. Das erleichtert das Wiederfinden bestimmter Stellen, wenn ich die Suchfunktion nicht nutzen will, sondern schnell durch den Text scrolle.

- Verweise auf Bilder, Listen, Tabellen oder einfach eine bestimmte Seite sind mit dem \ref{Objekt} oder \pageref{Objekt oder Label} Befehl möglich.

- Das Erstellen von Verzeichnissen aller Art ist für LaTeX kein Problem und mit wenigen Tastatureingaben erledigt, egal ob es um ein einfaches Inhaltsverzeichnis geht, oder um ein Abkürzungs-, Stichwort- oder Literaturverzeichnis. Vieles Davon finden Sie auch in diesem Buch.

- Über die vorbildlichen typografischen Eigenschaften von LaTeX werden Sie im Buch noch mehr erfahren. Schusterjungen und Hurenkinder (siehe Seite 67) werden erkannt und es wird eine Warnung ausgegeben, wenn LaTeX diese nicht vermeiden kann. Versuchen Sie mal, in anderen Textprogrammen ein schmales Leerzeichen oder einen Halbgeviertstrich einzugeben. Mit LaTeX ist das kein Problem (siehe Seite 197).

- LaTeX ist freie Software, die von jedermann genutzt werden kann, ohne im Voraus viel Geld dafür auszugeben. Und die Gratisnutzung ist unbegrenzt. Ein Dankeschön

Keine Vorauszahlung erforderlich. Wenn Ihnen die Software aber gefällt, ist eine Spende gerne gesehen.

an die Entwickler wäre trotzdem fair, wenn einem das Programm wirklich gefällt.

Ich will aber auch die negativen Seiten von LaTeX nicht verschweigen, soweit mir diese bisher aufgefallen sind.

- Nicht verschweigen lässt sich, dass die Einarbeitungszeit für ein einzelnes einfaches Dokument in keinem gutem Verhältnis zum Ergebnis steht. Nur wer immer wieder größere Dokumente in guter Qualität erstellen will oder muss, wird die längere Lernphase später wieder einsparen. Wer nach knapp zwei Monaten so weit ist, wie ich jetzt, der wird sich, so wie ich, fragen, was eigentlich so schwer an LaTeX sein soll, das man damit nicht ein eigenes Buch erstellen kann. Und ich musste mich in Vieles einarbeiten, was ich für das reine Bücherschreiben nicht benötigt hätte. So habe ich Listings erstellt und eingebunden und Grafiken mit den verschiedensten Programmpaketen erstellt, um Ihnen die Möglichkeiten von LaTeX anzudeuten. Aber ich wollte Ihnen ja auch ein wenig von dem zeigen, was sonst noch machbar ist, wenn man vielleicht einmal höhere Ansprüche an LaTeX stellt.
- Für höchste Ansprüche an ein textlastiges Dokument fehlt LaTeX die Registerhaltigkeit. Dadurch werden die Zeilen nicht zwangsweise auf allen Seiten immer in gleicher Höhe erzeugt. Bei dünnem Papier kann dann die durchscheinende Schriftzeile der anderen Seite stören und es könnte stören, wenn obere und untere Zeilen zweier nebeneinanderliegenden Seiten nicht auf gleicher Höhe liegen. Ob dieses »Problem« tatsächlich auftritt, hängt von vielen Einstellungen ab. Es wird sich häufen, wenn man manuell Abstände oder Schriftgrößen verändert hat. Bei Dokumenten mit eingefügten Bildern oder Tabellen

fällt dieser Nachteil weniger auf. Beurteilen Sie selbst, ob es Sie in diesem Buch stört. Oder ist es Ihnen vielleicht noch nicht aufgefallen?

- Für einige wenige Zeichen (siehe Gänsefüßchen auf Seite 46) ist die Eingabe etwas schwieriger, als in anderen Textprogrammen. Ich habe mir diese Anführungszeichen auf meiner programmierbaren Tastatur auf eine Funktionstaste gelegt, sodass ein Tastendruck genügt, um dieses » « Pärchen zu erzeugen. Den Text setzte ich dann zwischen die »Anführungszeichen« ein.

- Und letztlich könnte für den einen oder anderen Anwender der Datenaustausch ein Problem darstellen, wenn man in einer Gruppe alleine mit TeX und Co. arbeitet. Für einen Buchautor wird das aber nur in seltenen Fällen zutreffen, denn selbst für Korrektur- oder andere Zwecke kann man die PDF-Datei zum Beispiel mit doppeltem Zeilenabstand ausdrucken oder versenden. Durch großen Zeilenabstand entsteht genug Platz für Anmerkungen und Korrekturen.

Aber trotz dieser Nachteile wird niemand um TeX[9] und seine Nachfolger herumkommen, der wissenschaftliche Arbeiten oder Dokumente nach den geltenden typografischen Regeln erstellen will, ohne dafür viel Geld auszugeben. Das man einem mit TeX und Co. erstellten Druckwerk meist sofort ansieht, das es mit TeX erstellt wurde, spricht schon alleine für dieses Textsatzsystem. Man könnte den Satz auch umdrehen und sagen, man sieht es allen Dokumenten an, die nicht mit TeX oder einem seiner Nachfolger, wie LaTeX, erstellt wurden.

---

[9]Wenn ich \TeX schreibe, meine ich immer die ganze Gruppe von Systemen, die auf diesem Programm basieren. Dazu gehören unter anderem LaTeX, PDFLaTeX, XeLaTeX und LuaLaTeX.

Und wenn Sie dabei bleiben, freuen Sie sich schon auf die neue Version LaTeX3, an der eine Gruppe unter Koordination von Frank Mittelbach, Chris Rowley und Rainer Schöpf schon seit Jahren eifrig arbeitet.

3.2 Wer hilft mir weiter?

Im nächsten Kapitel werde ich Ihnen die Installation der erforderlichen Programme im Windows-Betriebssystem erklären. Wer mit einer Linux-Distribution arbeitet, findet eine kurze Anleitung ab Seite 47. Wer mit einem Apple Mac seine Bücher schreibt, findet Installationspakete und Anweisungen im Internet.

Nach der Installation geht es dann noch kurz an die Einrichtung des Programmes, bevor Sie endlich anfangen können, Ihre ersten Texte mit LaTeX zu erstellen.

Vorher möchte ich Ihnen aber noch die Angst nehmen, dass Sie ab jetzt alleine klar kommen müssen. Sollte mein Buch bei einem Problem nicht weiter helfen, weil es nur als Einstiegshilfe für Buchautoren dienen soll und bei weitem nicht alle Möglichkeiten von LaTeX im Detail erklärt, so sind Sie trotzdem nicht allein mit Ihren Fragen. Meist reicht es, wenn Sie im Internet nach LaTeX und einem Begriff suchen, über den Sie nähere Informationen benötigen. Geben Sie zum Beispiel »Latex + Fußnote« ein. Es gibt über 80.000 Fundstellen, siehe Abbildung 1. Und mit anderen Begriffen ist es auch nicht anders. Bei Fragen zu irgendwelchen Funktionen oder Befehlen aus diesem Buch können Sie sich selbstverständlich auch an mich wenden. Die Kontaktdaten finden Sie am Ende des Buches.

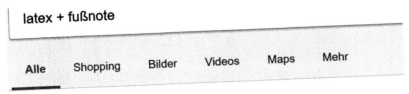

Abb. 1: Googlesuche nach »Latex + Fußnote«

Außerdem gibt es viele Foren, in denen man sich anmelden kann und in denen auch ich schon gute Lösungsvorschläge gefunden habe. Darunter sind nicht nur viele LaTeX-Foren, sondern auch Linux-, Unix- und Apple-Foren, denn die letztgenannten Betriebssysteme bringen oft eine TeX- oder LaTeX-Distribution mit. Im Abschnitt der Quellenangaben habe ich einige der interessanten Webseiten aufgeführt.

Im Internet unter `www.starkerstart.uni-frankfurt.de/61673435/latexsheet.pdf` finden Sie einen LaTeX-Spickzettel (LaTeX Cheat Sheet) als doppelseitige PDF-Datei im A4-Querformat zum Download und Ausdruck. Einen Ausschnitt zeige ich Ihnen auf der nächsten Seite.

31

LaTeX 2ε Kurzreferenz

Die Prämbel

Dokument-Klassen

book	zweiseitig, \part & \chapter
letter	Brief.
report	\chapter, kein \part
article	kein \part, kein \chapter
slides	Folien, 12pt Schrift, serifenlos.
beamer	schicke Folien (mit pdflatex kompilieren, keine eps-bilder).

```
\documentclass{article}
\usepackage{ngerman}
\begin{document}
    eigentlicher Text...
\end{document}
```

Wichtige documentclass Optionen

10pt/11pt/12pt	Schriftgröße.
a4paper	Papiergröße DinA4.
twocolumn	zweispaltig.
twoside	zweiseitig (Ränder links/rechts).
landscape	Querformat (dvi ↦ps: dvips -t landscape name.dvi)
draft	Entwurf, doppelter Zeilenabstand.

Benutzung: \documentclass[opt,opt,...]{klasse}.

Wichtige Zusatzpakete

fullpage	Schmale Seitenränder (1 inch).
amsmath	Zusätzliche mathematische Umgebungen.
amssymb	Zusätzliche mathematische Symbole.
ngerman	Trennung & Umlaute (ä,ß) = ("a, "s) – statt (\"a,\ss).
color	Farbiger Text: {\color{blue} Text}.
graphicx	EPS-Grafik einbinden: \includegraphics[width=x]{file}.
pgf	JPG-Grafiken einbinden (nur mit pdflatex).

Benutzung: \usepackage{paket} (vor \begin{document}).

Titelblatt

\author{Autor} \title{Titel des Dokuments} \date{Datum}
Diese 3 Befehle stehen vor \begin{document}. Der Befehl \maketitle im Dokument erzeugt das Titelblatt. Datum: \today ↦ Tagesdatum.

Sonstiges

\pagestyle{empty} Leere Kopf- & Fußzeile, keine Seitenzahlen.

Struktur des Dokuments

\section{Titel}	\paragraph{Titel}
\subsection{Titel}	\subparagraph{Titel}

Abschnitte

(}nur book})
\part{Titel}

Schrift

Umschaltbefehle immer { klammern }, sonst bis Dokumentende g

Zeichensatz Eigenschaften

Befehl	Umschalt-Befehl	Wirkung
\textrm{Text}	{\rmfamily Text}	Romanische Schrift
\textsf{Text}	{\sffamily Text}	Serifenlose Schrift
\texttt{Text}	{\ttfamily Text}	Schreibmaschine
\textmd{Text}	{\mdseries Text}	mittelfett
\textbf{Text}	{\bfseries Text}	**fett**
\textit{Text}	{\itshape Text}	*kursiv*
\textsl{Text}	{\slshape Text}	*geneigt*
\textup{Text}	{\upshape Text}	(wieder) aufrecht
\textsc{Text}	{\scshape Text}	KAPITÄLCHEN
\emph{Text}	{\em Text}	*betont* (stets anders als
\textnormal{Text}	{\normalfont Text}	(wieder) normale Schri
\underline{Text}	—	unterstrichen

Übergänge: Befehle (tttt) ok, Umschalt-Bef. (tttt) ungewiß.

Schriftgröße   (Umschaltbefehle)

{\tiny ...}	winzig
{\scriptsize ...}	sehr klein
{\footnotesize ...}	Fußnote
{\small ...}	klein
{\normalsize ...}	normal
{\large ...}	groß
{\Large ...}	größer
{\LARGE ...}	noch g
{\huge ...}	riesig
{\Huge ...}	RIE

Textfluß

Zeilen- & Seitenumbrüche

Umgebung	Umschalt-Befehl	
\begin{center}	{\centering ...}	zentriert
\begin{flushleft}	{\raggedright ...}	linksbündig
\begin{flushright}	{\raggedleft ...}	rechtsbündig

\\	Neue Zeile (kein neuer Absatz).
*	Verhindert Seitenumbruch nach Zeilenumbruch.
\pagebreak	Neue Seite.
\noindent	Diese Zeile nicht einrücken. (Absatzende)

Extra Leerzeilen

4 Die Windows Installation

Vor dreißig Jahren war ein Computer ohne Floppy Disk kaum zu gebrauchen. Heute findet man diese wabbeligen Scheiben oder ihre Hartplastiknachfolger nur noch in einer wenig benutzten Schublade, in verstaubten Kisten und natürlich im Technik-Museum.

Nachdem ich Ihnen geschildert habe, wie LaTeX entstanden ist, wollen Sie sicher wissen, wie Sie damit arbeiten können. Anders, als zum Beispiel mit einer Textverarbeitung wie *Microsoft Word*, schreiben Sie nicht direkt in LaTeX, sondern mit einem Editor Ihrer Wahl. Ihren Text, egal ob Brief oder Roman versehen Sie dabei mit einigen Formatierungsangaben, auf die ich später noch näher eingehe. LaTeX übersetzt den Text und die Formatierungsangaben und erstellt daraus eine PDF-Datei[1], die dann angezeigt und / oder ausgedruckt werden kann. Ein Großteil der Formatierung wird dadurch bestimmt, welche Dokumentenklasse Sie wählen. Als Buchautor werden Sie die KOMA-Klasse [4] *scrbook* wählen, mit der auch dieses Buch erstellt wurde. Die Dokumentenklassen »screprt, scrartcl, scrlettr, beamer« bieten Ihnen auch Vorlagen für Reports, Artikel, Briefe und sogar Beamerausgabe an.

Keine Angst, Sie müssen sich kein Diskettenlaufwerk kaufen. Alle notwendige Software können Sie kostenlos aus dem Internet herunterladen. Alternativ können Sie über »www.dante.de« auch eine Installations-DVD kaufen.

Die Abbildung 2 auf Seite 35 zeigt das Zusammenspiel der verschiedenen Komponenten eines LaTeX-Textsatzsystems. Wenn Sie genau hinschauen, sehen Sie links in der Abbildung den rot markierten Textbereich. Er enthält die Beschreibung

---

[1]Genau genommen werden wir dafür PdfLaTeX oder XeLaTeX verwenden. Die notwendige Einstellung erkläre ich später.

für den Inhalt und die Position des Bildes, welches Sie oben rechts im Layout auf dem Monitor sehen können.

Was uns außer dem LaTeX-Programm noch fehlt, ist also ein Editor zur Erstellung der ASCII-Textdatei und ein Anzeigeprogramm für die erstellten PDF-Dokumente. Wobei LaTeX selber auch nicht nur ein Programm ist, sondern meist im Paket mit Hilfsprogrammen und diversen Erweiterungspaketen verteilt wird. Die verschiedenen LaTeX-Pakete nennt man auch LaTeX-Distributionen. Sie finden die für Windows geeigneten Distributionen unter den Namen *MikTeX*, *proTEXt* und *TeXLive*. Als Editor eignet sich wirklich jeder simple ASCII-Editor, wie zum Beispiel auch der *Editor* aus dem Windows Zubehör. Für Anfänger und alle, die sich das Leben nicht unnötig schwer machen wollen, sind aber unter Windows grafische Entwicklungsumgebungen besser geeignet. Bewährt haben sich *TeXnicCenter*, *TeXMAKER* und *WinEdt*, wobei letzterer nicht kostenlos erhältlich ist. Allerdings kann man WinEdt zunächst als Shareware kostenlos erwerben und 31 Tage lang testen. Wenn der Test positiv ausfällt, kann man das Programm (den Editor) auf »www.winedt.com« aktuell für US $60 kaufen.

Ich habe mich aber für die MiKTeX-Distribution und den Editor TeXMAKER (beide kostenlos) entschieden, mit denen ich schon nach wenigen Stunden in der Lage war, die Gliederung dieses Buches zu erstellen und die ersten beiden Kapitel zu schreiben. TeXMAKER arbeitet wunderbar mit MiKTeX zusammen, wobei man nur den Editor TeXMAKER aufruft und MiKTeX im Hintergrund werkelt.

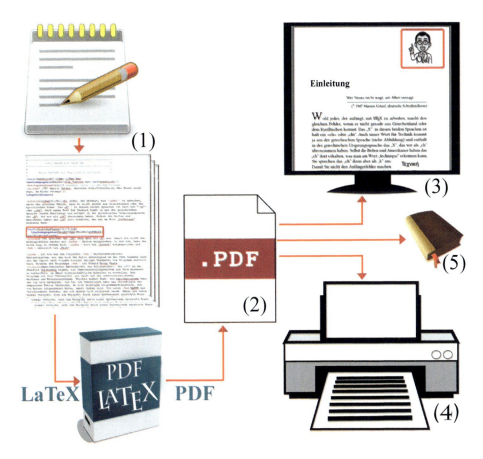

Abb. 2: So arbeitet das System, mit dem Sie vielleicht demnächst Ihre Dokumente und Bücher erstellen. Mit einem Editor (1) erstellen Sie die Vorgaben und den Text in einer *.tex-Datei, lassen dieses Dokument von PdfLaTeX in eine PDF-Datei (2) umwandeln. Dieses PDF-Dokument können Sie sich auf dem Bildschirm (3) ansehen und wenn alles so ist, wie Sie es sich vorstellen, übertragen Sie die PDF-Datei als Buchblock (5) an einen Verlag Ihrer Wahl. Alternativ können Sie das Dokument auch ausdrucken (4). LaTeX sorgt auf allen Ausgabegeräten für eine optimale Erscheinung Ihres Dokumentes.

4.1 Installation der MikTeX Distribution

Heute werden Programme nicht mehr von den wabbeligen Scheiben[2] installiert und kaum noch von deren Nachfolgern, der Compactdisk (CD) oder der (DVD)[3]. Die meisten Programme lädt man aus dem Internet herunter und installiert sie auf seinem Rechner. So ist es auch mit den Programmpaketen für das Textsatzsystem LaTeX.

Bitte halten Sie die nachfolgend beschriebene Reihenfolge bei der Installation und Einrichtung Ihres Rechners ein, damit später alles richtig funktioniert. Die Beschreibung gilt für die aktuelle Version Windows 10.

Ich habe mich für die MikTeX-Distribution entschieden, weil diese sehr einfach unter Windows zu installieren ist und den Vorteil hat, dass alle benötigten Zusatzpakete, zum Beispiel für mathematische und chemische Formeln usw., vom Programm automatisch nachgeladen werden, wenn eine Internetverbindung besteht und diese Pakete vom Programm angefordert werden und in der Präambel eingetragen sind. MikTeX ist eine TeX-Distribution für Windowsanwender. Es gibt aber auch eine Linuxversion. Folgen Sie den Anweisungen für die Installation von MiKTeX für Windows.

- Download von MikTeX auf der Webseite
  `https://miktex.org/download`

Eine 32-Bit-Version finden Sie unter »All downloads«.

- Klicken Sie für die 64-Bit-Version auf den blauen Download-Link. Wählen Sie auch hier den Basic-Installer, da er am einfachsten zu bedienen ist.

---

[2]Wörtliche Übersetzung der Floppydisk

[3]DVD stand früher für Digital Video Disc, heute für Digital Versatile Disc, engl. für digitale vielseitige Scheibe.

- Es öffnet sich ein kleines Fenster mit der Installationsdatei. Klicken Sie auf Datei speichern .

- Wenn der Download abgeschlossen ist, klicken Sie auf die heruntergeladene **basic-miktex-2.9.xxxx-x64.exe**-Datei in Ihrem Downloadverzeichnis.

- Es erscheint ein Fenster „Copying conditions for MiKTeX". Klicken Sie dort die Annahme der Bedingungen [I accept the ...] an und dann auf den Button Weiter .

- Es erscheint ein neues Fenster. Als Benutzer können Sie nur auf Weiter klicken. Sind Sie als Administrator angemeldet, können Sie wählen, ob das Programm nur für Sie oder für alle Benutzer installiert werden soll, bevor Sie auf Weiter klicken.

- Im nächsten Fenster können Sie den Installationsort, der vorgegeben ist, noch verändern oder gleich auf Weiter klicken. Empfehlung: Belassen Sie es beim Standardinstallationsort.

- Im nächsten Fenster stören Sie sich nicht daran, dass Sie bei der Papierauswahl nur zwischen *A4* und *Letter* wählen können. Wählen Sie einfach **A4** für das europäische DIN-Format aus, auch wenn Sie später Bücher in anderem Format erstellen wollen. Bei »Install missing packages on-the-fly« habe ich **Yes** gewählt. Bei bestehender Internetverbindung werden dann automatisch alle benötigten Zusatzpakete nachgeladen, die in Ihrer Präambel angegeben werden. Klicken Sie auf Weiter .

- MikTeX zeigt nochmal die gewählten Einstellungen an. Klicken Sie jetzt auf Start und die Installation beginnt.

- Wenn das Kopieren der Dateien aufgehört hat, klicken Sie auf Weiter .

- Wenn Sie eine aktive Internetverbindung mit Flatrate haben, lassen Sie den Haken bei »Check for updates now« drin und klicken Sie auf $\boxed{\text{Weiter}}$.
- Die Installation ist abgeschlossen. Klicken Sie auf den Button $\boxed{\text{Close}}$.

Wenn ein Fenster mit verfügbaren Updates erscheint, lassen Sie diese installieren. Auf der »Giveback«-Seite haben Sie die Möglichkeit, sich mit einem kleinen Betrag für das Programm zu bedanken und dessen Weiterentwicklung zu unterstützen. Diese freiwillige Spende können Sie jederzeit auch später, wenn Sie das Programm nützlich gefunden haben, ausführen. Schließen Sie das MiKTeX-Fenster im Browser. Rufen Sie das installierte Programm »MiKTeX« noch nicht auf. Es arbeitet später im Hintergrund, wenn Sie mit dem Editor »TeXMAKER« arbeiten.

4.2 Hinweis zu \titlepage.sty

Ich habe festgestellt, dass in einigen Fällen beim Übersetzen das Fehlen der Datei »titlepage.sty« bemängelt wird. Markus Kohm hat dazu auf seiner Webseite [**Kohm**] die nachträgliche Installation beschrieben. Für MiKTeX unter Windows gehen Sie wie folgt vor:

- Legen Sie zum Beispiel ein neues Verzeichnis »C:/Tex/texmf-titlepage« an
- Rufen Sie das TDS-Repository unter »https://komascript.de/repository/tds/« auf
- Klicken Sie in der Spalte »Revision« auf die neueste Revision von »titlepage«.

- Wählen Sie im sich öffnenden Fenster »Datei speichern« und klicken Sie auf $\boxed{\text{OK}}$
- Wenn die Datei komplett heruntergeladen ist, schieben Sie diese in das vorher erstellte neue Verzeichnis und entpacken die ZIP-Datei dort
- Starten Sie dann MiKTeX (»Start – Alle Programme – MiKTeX 2.9 – MiKTeX Console«)
- Falls eine Auswahl erscheint, wählen Sie »Restart as administrator«
- Klicken Sie dann auf $\boxed{\text{Settings}}$ und dann auf $\boxed{\text{Directories}}$
- Klicken Sie auf das $\boxed{+}$ Zeichen und wählen Sie im sich öffnenden Fenster den Ordner aus, den Sie vorher neu angelegt hatten und in dem sich die Unterordner »doc, source« und »tex« befinden. Wenn Sie den Ordner wie oben angegeben benannt haben, wäre das der Ordner »C:/Tex/texmf-titlepage«.
- Klicken Sie zum Abschluss auf $\boxed{\text{OK}}$ oder schließen Sie das Fenster durch Anklicken des Kreuzes oben rechts im Fenster.

MiKTeX übernimmt jetzt den neuen Ordner und findet zukünftig die Datei »titlepage.sty«

4.3 Installation des Editors TeXMAKER

Natürlich werden Sie Ihren Text mit einem Rechner erstellen, und nicht, wie auf Abbildung 2 auf Seite 35 dargestellt, auf einem Notizblock. Und in der Regel werden Sie zur Texteingabe und zum Anzeigen der PDF-Ausgabedatei auch den gleichen Rechner benutzen.

- Download von TeXMAKER von `http://www.xm1math.net/texmaker/download.html`

- Wenn Sie das Programm auf Ihrem Rechner installieren wollen, klicken Sie auf den blauen Button mit der **Texmaker x64.msi**-Datei. Wer noch die 32-Bit-Version benötigt, findet diese unter »Older versions« (Alte Versionen). Nur wenn Sie die Software auf einem USB-Stick installieren wollen, wählen Sie die *zip*-Datei.

- Klicken Sie in das kleine sich öffnende Fenster auf $\boxed{\text{Datei speichern}}$.

- Wenn die msi-Datei komplett heruntergeladen ist, klicken Sie diese im Downloadordner (oder direkt unter dem Download-Pfeil) an.

- Falls eine Warnmeldung »Texmaker ist eine ausführbare Datei ...« erscheint, klicken Sie auf $\boxed{\text{OK}}$, da es sich bei der Quelle um eine vertrauenswürdige Seite handelt (Stand Juli 2018).

- Es öffnet sich der Windows-Installer und dann das TeXMAKER »License Agreement«-Fenster. Setzen Sie den Haken, um die Lizenzbestimmungen zu akzeptieren und klicken dann auf den Button $\boxed{\text{Install}}$.

- Erscheint ein Warnfenster, ob das Programm installiert werden soll, geben sie bei Nachfrage Ihr Kennwort ein und bestätigen die Installation mit $\boxed{\text{Ja}}$.

- Folgen Sie dann den Anweisungen des Programmes. Wenn die Installation beendet ist, lassen Sie den Haken im Kästchen bei »Launch Texmaker when setup exits« drin, und klicken Sie auf den Button $\boxed{\text{Finish}}$.

TeXMAKER startet jetzt, wenn Sie den Haken im Kästchen »Launch Texmaker when setup exits« nicht entfernt haben und ist wahrscheinlich schon auf »Deutsch« eingestellt. Ansonsten können Sie die gewünschte Sprache unter »Optionen –

Sprache der Benutzeroberfläche« einstellen. Ändern Sie nichts
an den sonstigen Voreinstellungen, bis Sie sich wirklich gut
in dem Programm auskennen. Sollte auf der linken Seite unter dem Eingabefeld, wo Sie Ihren Text schreiben, kein kleines
Fenster (siehe links unten den Teil mit blauer Schrift in Abb. 3)
auf Seite 42 geöffnet sein, so klicken Sie bitte neben »Ansicht –
Meldungen/Logdatei« das Kästchen an, sodass dort ein Haken
erscheint. Verlassen Sie das Menü wieder. In dem Fenster am
unteren Bildrand werden Fehlermeldungen und Warnhinweise
angezeigt, falls diese beim Übersetzen Ihres Textes auftreten.
Das Fenster können Sie mit der Maus in der Höhe einstellen, indem Sie auf die Trennlinie zwischen diesem Fenster und
dem darüber liegenden Layout-Fenster klicken und die Linie
verschieben.

Lassen Sie das Programm TeXMAKER noch geöffnet. Wir
prüfen gleich die Installation und ob es Updates gibt.

Mit TeXMAKER können Sie den Editor und die Ansicht der
Ausgabedatei auf einem genügend großen Monitor gleichzeitig nebeneinander darstellen. Das erleichtert die Arbeit ganz
wesentlich. Die Abbildung 3 auf Seite 42 zeigt den geöffneten
TeXMAKER. Auf der linken Seite sieht man den Eingabetext
im Editor, und auf der rechten Seite wird das dazugehörige
Layout angezeigt. Sie können in beiden Teilen unabhängig voneinander vor- und zurück scrollen und haben so jederzeit volle
Kontrolle über Text und Layout. Ganz links befindet sich noch
ein Fenster, in dem die Struktur des Dokumentes (Buches) dar- **Navigation** ist
gestellt wird. Durch Anklicken eines Kapitels oder Abschnittes auch im Struktur-
wird dieses im Editorfenster und im Layoutfenster angezeigt Fenster möglich.
(oder man landet zumindest eine Seite davor oder dahinter).
Bei kleinem Monitor, zum Beispiel auf einem Notebook, kann
man dieses Fenster im Menü unter »Ansicht« auch ausblenden,
um mehr Platz für die beiden großen Fenster zu bekommen.

Abb. 3: Bildschirmansicht des Programms TeXMAKER. Links das Eingabefeld des Editors, rechts die Layoutansicht der PDF-Datei.In
dem Feld in der unteren linken Bildhälfte werden Warnungen
(blau) und Fehler (rot) beim Übersetzen ausgegeben. Ganz links
sieht man die Struktur des Dokumentes.

»TeXstudio« als weiterer Editor ist aus TeXMAKER hervorgegangen. Auch dieser Editor ist in deutscher Version kostenlos über das Internet zu bekommen. Erste Teste damit haben
mich sehr überzeugt und ich werde wohl nach Abschluss dieses
Buches auf diesen Editor umsteigen. Im zweiten Band meiner
LaTeX Reihe werde ich dann darüber berichten.

Über den »TeXworks«-Editor, der in MiKTeX bereits enthalten ist, habe ich eine kurze Information im Anhang ab Seite **??**
angefügt. Leider ist dieser aktuell nur in englischer Sprache erhältlich. Sehr nützlich ist allerdings der Maßstab unter »Edit

– Preferences«, mit dem man die Auflösung seines Bildschirmes testen kann, falls diese nicht bekannt ist. Man ändert den dpi-Wert der Screen resolution, bis der abgebildete Maßstab mit einem realen Maßstab übereinstimmt und kann dann den dpi-Wert in den benutzten PDF-Viewer, zum Beispiel Acrobat Reader, übernehmen. Im Kapitel über die Bildschirmeinstellung auf Seite 185 finden Sie eine weitere Möglichkeit, Ihren PDF-Viewer (z. B. Acrobat Reader) auf die Auflösung Ihres Bildschirmes einzustellen.

PDF-Viewer auf Bildschirmauflösung einstellen.

4.4 Navigation im Dokument

Einen Hinweis möchte ich noch geben, der alle aktuellen LaTeX-Editoren betrifft. Wenn Sie mit der rechten Maustaste im Textfeld auf eine Stelle klicken, springt die PDF-Anzeige auch an diese Stelle. Klicken Sie im PDF-Fenster auf ein Wort, erscheint diese Stelle auch im Textfeld des Editors. Eine feine Sache. Natürlich können Sie auch durch Anklicken im Strukturfenster an bestimmte Stellen im Dokument springen. Aber dort können Sie nur Kapitel und Unterkapitel anklicken.

Einfacher Wechsel zwischen Eingabetext und PDF-Anzeige.

4.5 Pakete nachladen und Update holen

Nach der Grundinstallation sollte man prüfen ob es Updates zu den heruntergeladenen Programmen gibt. Im Menü der Programme (bei TeXMAKER unter Hilfe) findet man einen Link, um nach Updates zu suchen. Wenn TeXMAKER auf neuestem Stand ist, können Sie das Programm vorläufig beenden. Bei MiKTeX erfolgte die Prüfung auf vorhandene Updates bereits am Ende der Installation. Sie sollten diese nutzen, um Ihr Programm auf dem aktuellen Stand zu nutzen.

Nach dem Beenden von TeXMAKER sollten Sie ein TeXMAKER-Icon auf Ihrem Bildschirm finden. Wenn das nicht automatisch geschehen ist, legen Sie eine Verknüpfung auf dem Bildschirm oder in der Taskleiste an, um schnellen Zugriff auf diesen LaTeX-Editor zu erhalten. Zum Arbeiten mit LaTeX müssen Sie später nur noch den Editor TeXMAKER aufrufen. Die MiKTeX-Distribution läuft im Hintergrund und muss vorläufig nicht aufgerufen werden. Später werden wird im MiKTeX-Programm noch einige Voreinstellungen ändern.

4.6 Ordnung für Ihr Projekt

Damit Sie immer einen guten Überblick über Ihre zum Projekt gehörenden Daten haben, sollten Sie sich ein gutes Ordnerprinzip überlegen. Ein Hauptordner für Ihr Buch erleichtert das gemeinsame Sichern aller wichtigen Dateien. Die Abbildung 4 auf Seite 45 wäre ein mögliches Beispiel.

Zum Sichern Ihres Buches müssen Sie dann nur den Ordner »MeinBuch« mit den Unterordnern auf einen Stick oder eine externe Festplatte kopieren. Ich speichere meine Tex-Datei ab und zu noch mit Datum und Uhrzeit im Ordner »Backup« ab, sodass es immer noch die Möglichkeit gibt, auf ein älteres Backup zurückzugreifen. Im PDF-Export-Ordner sichere ich die an den Verlag übersandten PDF-Dateien vom Buchblock und vom Cover. Im Test-Ordner habe ich einige Dateien, an denen ich verschiedene Befehle ausgetestet habe und im Tex-Ordner liegen Dateien, die LaTeX zusätzlich angefordert hat und die ich manuell installiert habe. Wenn alles fertig ist, können sie Ihr Buchprojekt zur Sicherung auf eine CD oder DVD brennen. Da die Lesbarkeit auch bei optimaler Lagerung auf

Achtung: Auch Daten auf CDs oder DVDs sind nur ein paar Jahre sicher!

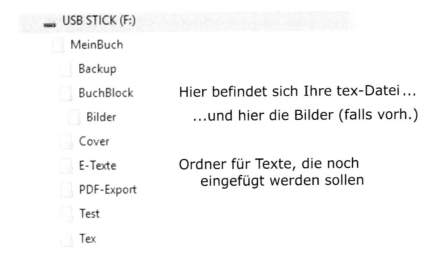

Abb. 4: Im Buchblock-Ordner befinden sich nach dem Übersetzen noch eine Reihe weiterer LaTeX-Dateien. Die wichtigsten sind Ihre **Buch.tex** Datei und, falls erstellt, Ihre **Bibliothek.bib** Datei und eventuell auch noch Ihre Style-Datei **myindexstyle.mst** für das verbesserte Indexverzeichnis gemäß dem Listing auf Seite 187. Alle anderen können durch »Übersetzen« neu erzeugt werden.

fünf bis zehn Jahre begrenzt ist, sollten bei längerfristiger Lagerung zwischendurch neue Backups angefertigt werden.

Die »M-Disc« (Millennial Disc, tausend Jahre sind ein Millennium) gibt es seit knapp 10 Jahren als DVD und als Blu-ray-Disc. Diese sollen ja nach Herstellerangabe tausend Jahre überdauern, ohne dass die Daten verloren gehen. Die Frage ist nur, wer das nachprüfen soll. In Tests einer Spezialeinheit der US Navy hat die M-Disc allerdings gezeigt, dass die Daten mit leichten Fehlern noch lesbar waren, während von normalen DVDs bei gleicher Behandlung (hohe Temperaturen und hohe

Die angegebene **Haltbarkeit** gilt nur bei optimaler Lagerung bei 25° C und einer Luftfeuchtigkeit von 40 – 60 Prozent.

Luftfeuchtigkeit sowie starker UV-Bestrahlung) keine Daten mehr ablesbar waren.

4.7 Die angeführten Gänsefüßchen

Während die deutschen Umlaute und das »ß« mittlerweile ihren Platz auf den Tastaturen gefunden haben, fehlen immer noch die deutschen „Anführungszeichen". Bei der Entwicklung der Computer-Tastatur hat man in Amerika nicht an die deutschen Gepflogenheiten gedacht. Im Gegensatz zu den Amerikanern nutzen wir vor dem „Text andere Anführungszeichen als hinter dem Text". Da es auf den Tastaturen nur eine Taste für das Anführungszeichen gibt, muss man für eine korrekte Eingabe nach deutschen Regeln leider etwas umständlicher vorgehen, um die typografisch richtigen Anführungszeichen zu erhalten.

Hier zunächst die deutschen „Gänsefüßchen", erzeugt mit SHIFT2 und dem oberen Zeichen rechts neben dem Fragezeichen vor dem Text und mit SHIFT2 und dem Zeichen über der Raute hinter dem Text.

Und jetzt die Anwendung von sogenannten französischen »guillemets«, aber in der deutschen Variante, wo die Zeichen zum Text hinzeigen.

Präambel:
\usepackage[autostyle,german=guillemets]{csquotes}

Dokument:
\enquote{Dieser Text ist von guillemets eingeschlossen}.

»Dieser Text ist von guillemets eingeschlossen«.

5 Die Linux Installation

Es gibt auch Linux-Aussteiger. Aber die Rückfall-
quote steigt mit jeder Win-Version.

(Walter Saner in »de.newusers.questions«)

Obwohl ich LaTeX noch unter Windows nutze, möchte ich
den Linux-Usern wenigstens eine kurze Anleitung zur Installation geben.

5.1 MiKTeX für Ubuntu und Linux Mint

- **Registrieren Sie den GPG-Schlüssel**
  sudo apt-key adv - -keyserver hkp://keyserver.ubuntu.com:80
  - -recv-keys D6BC243565B2087BC3F897C9277A7293F59E4889
- **Registrieren Sie die Installationsquelle[1]**
  für Ubuntu 18.04 und Linux Mint 19
  echo "deb http://miktex.org/download/ubuntu bionic universe"
  ___|___ sudo tee /etc/apt/sources.list.d/miktex.list
  für Ubuntu 16.04 und Linux Mint 18.3
  echo "deb http://miktex.org/download/ubuntu xenial universe"
  ___|___ sudo tee /etc/apt/sources.list.d/miktex.list
- **Installieren Sie MiKTeX**
  sudo apt-get update sudo apt-get install miktex

Bevor Sie jetzt MiKTeX verwenden können, müssen Sie das
Setup beenden. Rufen Sie dazu die MiKTeX-Konsole mit
»miktexsetup« auf der Befehlszeile auf oder klicken Sie auf

---

[1]Bei den Zeichen ___ links und rechts vom senkrechten Strich handelt
   es sich um sichtbar gemachte Leerzeichen!

das Symbol »MiKTeX Console«. Folgen Sie den Anweisungen der Software.

Aktuelle Hinweise und Downloadpakete sowie die kompletten Installationsanweisungen (auch auf der Befehlszeile) für die MiKTeX Distributionen für Linux finden Sie unter `https://miktex.org/howto/install-miktex-unx`

Dort finden Sie auch **Installationsanweisungen für Debian und weitere Linux-Distributionen.**

5.2 Installation TeXMAKER

Die MiKTeX-Distribution enthält bereits **TeXWorks**, einen Editor zur Erstellung der Quelltexte. Dieser ist allerdings (zur Zeit) nur englischsprachig. Wer lieber eine deutsche Benutzeroberfläche nutzen möchte, weil es sich doch um einen Neueinstieg in eine bisher fremde Software handelt, der kann auch den von mir benutzten und in diesem Buch beschriebenen Editor **TeXMAKER** unter Linux installieren und benutzen. Eine gute Installationsanweisung für Ubuntu-User findet man unter `https://wiki.ubuntuusers.de/Texmaker/`

6 Ein einfaches LaTeX-Dokument

Aus kleinem Anfang entspringen alle Dinge.

(Marcus Tullius Cicero (106 – 43 v. Chr.),
römischer Redner und Staatsmann)

Zum Testen der Installation stelle ich Ihnen hier ein kleines Beispiel vor, das gleichzeitig nochmal zeigt, dass es für Buchautoren nicht schwer ist, ein LaTeX Dokument zu erstellen, da wir nur einige einfache Funktionen des LaTeX-Systems nutzen.

```
 1 \documentclass[a5paper,12pt,BCOR=8mm,DIV=16,twoside=true,
   headsepline]{scrbook}%
 2 \usepackage[T1]{fontenc}%
 3 \usepackage[ngerman]{babel}% Neue dtsch. Rechtschreibung
 4 \usepackage[utf8]{inputenc}%
 5 \usepackage{blindtext}%
 6 \usepackage{libertine}% OpenSource Schrift
 7 %
 8 \begin{document}% Hier beginnt Ihr Buch
 9 \chapter{Wie alles begann}% Kapitelname
10 \blindtext % Folgende Leerzeile erzeugt einen Absatz

12 Hier folgt ein neuer Absatz. Je nach Einstellung sehen Sie hier
   einen Leerzeile vor diesem Absatz oder aber einen Zeileneinzug in
   der ersten Zeile dieses Absatzes. Die Einstellungen werden Ihnen
   noch erklärt.
13 %
14 \section{Aller Anfang hat ein Ende}% Ein Unterkapitel
15 Dies ist auch nur ein Beispieltext.
16 \blindtext % Folgende Leerzeile erzeugt einen Absatz

18 \blindtext
19 \section{Keiner kennt das Ende}
20 \blindtext
21 \end{document}% FERTIG!
```

Die **Kommentare** hinter den Prozentzeichen müssen Sie nicht mit abtippen.

Achten Sie auf die Form der Klammern!

Listing 2: Installations-Test – Ein Übungsbeispiel

Starten Sie Ihren TeXMAKER, wenn er noch nicht geöffnet ist. Tippen Sie die Zeilen 1 bis 21 im linken Fenster Ihres TeXMA-KER ein und speichern die Datei dann mit »Datei – Speichern als« zum Beispiel als »Test.tex« ab. Wählen Sie dabei einen Ordner für Ihre Übungen, den Sie leicht wiedererkennen. In diesem Ordner wird dann auch die erzeugte PDF-Datei abgelegt, die beim Übersetzen erzeugt wird. Klicken sie dann auf den Pfeil **links** neben ⟨Schnelles Übersetzen⟩. Das erste Übersetzen dauert noch lange, da aus dem Internet benötigte Pakete nachgeladen werden. Später geht es deutlich schneller – glauben Sie mir.

Kleine Kontrolle Im TeXMAKER Menü unter »Optionen – Texmaker konfigurieren« klicken Sie auf »Schnelles Übersetzen«. Rechts sollte dann der weiße Kreis bei »XeLaTeX + PDF anzeigen« markiert sein.

Solange Sie keine Spezialpakete wie z. B. PSTricks dazu laden, können Sie dort auch »PdfLa-tex + PDF anzeigen« auswählen.

Wenn das Übersetzen fertig ist, erscheint auf der rechten Seite die Dokumentenausgabe (die erzeugte PDF-Datei). Diese Datei finden Sie auch im vorher festgelegten Ordner. Schauen Sie sich auch die zweite Seite an. Sollte keine Ausgabe der PDF-Datei erscheinen, schauen Sie im Meldungsfenster unten links auf der Bildschirmseite nach, ob Fehlermeldungen vorliegen. Sollte das Feld leer sein, klicken Sie links neben dem Feld auf das Augensymbol, und die Meldungen werden wieder sichtbar.

Wenn Sie wollen, können Sie noch ein wenig mit der Übungsdatei herum experimentieren. Sie können aber auch warten, bis Sie das Kapitel Grundlagen ab Seite 53 durchgelesen und die wichtigsten LaTeX-Befehle kennengelernt haben. Nach Veränderungen Ihrer Eingabedatei müssen Sie den Text übersetzen lassen, damit die Veränderungen in der Ausgabedatei (rechtes Fenster) sichtbar werden. Klicken Sie dazu auf den Pfeil links von der Box ⟨Schnelles Übersetzen⟩ oder nutzen Sie die Funktionstaste »F6«. Ergänzen Sie ein neues Kapitel und schreiben Sie etwas Text, bevor Sie dann ein Unterkapitel einfügen. Die Befehle für

- Kapitel (\chapter{Kapitelname}) und
- Unterkapitel (\section{Unterkapitelname})

sehen Sie im Listing 2 auf Seite 49.

Wie Sie das Layout der Seite Ihren Wünschen anpassen können, werden Sie auch noch erfahren. Im Prinzip könnten Sie mit den jetzigen Kenntnissen schon Ihren kompletten Roman schreiben. Was uns für ein ordentliches Buch allerdings noch fehlt, sind die Schmutztitel- und die Titelseite. Wie man diese anlegt, und was Sie sonst noch für ein gutes Buch benötigen, werde ich Ihnen aber auch noch erklären.

Im folgenden Kapitel geht es zunächst um die wichtigsten Grundlagen von LaTeX und TeXMAKER, die ein Buchautor kennen sollte. Wer es eilig hat, direkt in die Praxis einzusteigen, kann direkt auf Seite 129 weitermachen, wo es um die Vorlage für einen Roman im Taschenbuchformat DIN A5 geht. Später sollte aber auch das Kapitel über die LaTeX und TeX-MAKER Grundlagen durchgelesen werden, wenn Sie LaTeX dauerhaft nutzen wollen. Sie werden viele Tipps finden, um Ihr Buch noch besser an Ihre Vorstellungen anzupassen.

Wie die erste Seite Ihres ersten Übungsbeispiels aussehen wird, können Sie in Abbildung 5 auf Seite 52 sehen.

1 Wie alles begann

Dies hier ist ein Blindtext zum Testen von Textausgaben. Wer diesen Text liest, ist selbst schuld. Der Text gibt lediglich den Grauwert der Schrift an. Ist das wirklich so? Ist es gleichgültig, ob ich schreibe: „Dies ist ein Blindtext" oder „Huardest gefburn"? Kjift – mitnichten! Ein Blindtext bietet mir wichtige Informationen. An ihm messe ich die Lesbarkeit einer Schrift, ihre Anmutung, wie harmonisch die Figuren zueinander stehen und prüfe, wie breit oder schmal sie läuft. Ein Blindtext sollte möglichst viele verschiedene Buchstaben enthalten und in der Originalsprache gesetzt sein. Er muss keinen Sinn ergeben, sollte aber lesbar sein. Fremdsprachige Texte wie „Lorem ipsum" dienen nicht dem eigentlichen Zweck, da sie eine falsche Anmutung vermitteln.

Hier folgt ein neuer Absatz. Je nach Einstellung sehen Sie hier einen Leerzeile vor diesem Absatz oder aber einen Zeileneinzug in der ersten Zeile dieses Absatzes. Die Einstellungen werden Ihnen noch erklärt.

1.1 Aller Anfang hat ein Ende

Dies ist auch nur ein Beispieltext. Dies hier ist ein Blindtext zum Testen von Textausgaben. Wer diesen Text liest, ist selbst schuld. Der Text gibt lediglich den Grauwert der Schrift an. Ist das wirklich so? Ist es gleichgültig, ob ich schreibe: „Dies ist ein Blindtext"

1

1 Wie alles begann

oder „Huardest gefburn"? Kjift – r
mir wichtige Informationen. An il
ner Schrift, ihre Anmutung, wie h;
der stehen und prüfe, wie breit o(
text sollte möglichst viele verschie
in der Originalsprache gesetzt sein
sollte aber lesbar sein. Fremdsprac
dienen nicht dem eigentlichen Zw
tung vermitteln.

Dies hier ist ein Blindtext zum
diesen Text liest, ist selbst schuld. E
wert der Schrift an. Ist das wirklic
schreibe: „Dies ist ein Blindtext" o
mitnichten! Ein Blindtext bietet n
ihm messe ich die Lesbarkeit einer S
monisch die Figuren zueinander st
schmal sie läuft. Ein Blindtext soll
Buchstaben enthalten und in der (
muss keinen Sinn ergeben, sollte a
Texte wie „Lorem ipsum" dienen ni
sie eine falsche Anmutung vermitt

1.2 Keiner kennt das

Dies hier ist ein Blindtext zum Tes
sen Text liest, ist selbst schuld. Der '
der Schrift an. Ist das wirklich so? I
be: „Dies ist ein Blindtext" oder „I
nichten! Ein Blindtext bietet mir w
messe ich die Lesbarkeit einer Scl

2

Abb. 5: Und so sieht der Anfang der Datei »Test.tex« in der Druckansicht aus, wenn Sie das Beispiel aus Listing 2 abgetippt und in eine PDF-Datei übersetzt haben. Dafür haben Sie nur 21 Zeilen Text eingegeben. Die zweite Seite (hier nur teilweise abgebildet) zeigt auch, wie eine Kopfzeile aussehen kann. Öffnen Sie für eine komplette Ansicht die »Test.pdf«-Datei in Ihrem Übungsordner.

7 LaTeX Grundlagen

Ohne sich in die Grundlagen von LaTeX einzuarbeiten, wird man auch schöne Bücher schreiben können. Aber man wird nie in der Lage sein,
die wirklichen Fähigkeiten von Tex und LaTeX
herauszukitzeln.

Wer sich ein wenig mit Webseitenprogrammierung auskennt, wird schnell die Ähnlichkeit mit LaTeX feststellen. Der
»head«-Bereich der Webseite enthält Definitionen und Vorgaben, wie die Präambel in TeXMAKER. Und der »body«-
Bereich der Webseite entspricht dem Dokumentenbereich von
TeXMAKER. Text im Web, der fett dargestellt werden soll,
wird mit »Text« dargestellt. Im TeXMA-
KER reicht dazu der LaTeX-Befehl »\textbf{Text}«.

Obwohl im Prinzip jeder ASCII-Editor für LaTeX genutzt werden kann, hat TeXMAKER den Vorteil, dass durch das so-
genannte Syntaxhighlighting[1] und spezielle Menüs das Text-
schreiben erleichtert wird. Generell schreiben Sie dort so, wie
Sie es in anderen Textverarbeitungen auch gewohnt sind. Ein
wesentlicher Unterschied ist allerdings, dass Sie in TeXMA-
KER die Formatierung direkt vor dem jeweiligen Text, einer
Kapitelüberschrift oder zum Beispiel einem fett oder kursiv
zu schreibenden Wort angeben. Das sieht dann so aus, wie in
Tabelle 1 auf Seite 55. Erst kommt der Befehl und dann folgt
in geschweiften Klammern der betroffene Text. Viele Beispiele
dazu finden Sie in den Listings hier im Buch, die Sie in Ihrem
Testordner ausgiebig austesten können.

---

[1]farbliche Hervorhebung von Befehlen

Beim Klick auf die kleinen Piktogramme am linken Rand können Sie von der Anzeige der Dokumenten-Struktur auf verschiedene Befehlsgruppen umschalten und so mit der Maus ganze Befehle oder Zeichen per Mausklick in Ihren Text übernehmen.

TeXMAKER erleichtert die Texteingabe von vielen Befehlen und Referenzen auf Bilder und Tabellen dadurch, dass diese automatisch ergänzt werden, und dass im Menü am linken Rand viele Zeichen und Befehle mit der Maus abrufbar sind (siehe Abbildung). Sie werden dort viele Befehle finden, die ich in diesem Buch über die LaTeX Grundlagen für Buchautoren noch nicht beschreiben werde, da diese in der Belletristik nicht benötigt werden. Ich nutze daher die Menüs kaum und gebe die meisten Befehle von Hand ein. Man hat die wenigen, die für einen Buchautor gebraucht werden, schnell im Kopf. Ein Roman zum Beispiel besteht eigentlich nur aus Text, und es wird im Dokumententeil kein einziger Befehl beim Schreiben benötigt.

Die Eintragungen in Tabelle 1 erklären sich fast von selbst. Zur dritten Zeile von unten möchte ich aber noch eine kleine Erklärung liefern. Zahlen und Maßeinheiten sollten nicht zusammen geschrieben werden, aber auch nicht mit einem normalen Zeichenabstand (Space, Leerraum-Taste). Dafür gibt es in (La)TeX den Befehl \, der aus einem Backslash und einem folgenden Komma besteht. Dieser Befehl erzeugt nicht nur einen kleinen Abstand, sondern sorgt auch dafür, dass bei einem Zeilenumbruch die Zahl und die zugehörige Maßeinheit nicht getrennt werden. Und das Prozentzeichen (letzte Zeile der Tabelle 1) leitet einen Kommentar ein. Alles, nach diesem Zeichen, bis zum Zeilenende wird als Kommentar aufgefasst und erscheint nicht in der Ausgabedatei und im Druck. Dabei kann eine Eingabezeile durchaus im Editor auch über mehrere Zeilen gehen. Eine neue Zeile im Editor beginnt immer erst, wenn auch eine neue Zeilennummer erscheint, also wenn Sie eine Zeile bewusst mit der ENTER-Taste abschließen. Eine neue Zeile im Editor bedeutet aber nicht, dass auch im Text eine neue Zeile beginnt, da LaTeX die Zeilen automatisch umbricht, wenn kein Platz mehr für ein weiteres Wort in einer Zeile vor-

Texteingabe	Ausgabe
\chapter{LaTeX Grundlagen}	**LaTeX Grundlagen**
\textbf{Text in fett}	**Text in fett**
\textit{Text in kursiv}	*Text in kursiv*
\tiny{Winziger Text}	<small>Winziger Text</small>
\scriptsize{Ganz kleiner Text}	<small>Ganz kleiner Text</small>
\small{Kleiner Text}	Kleiner Text
\large{Großer Text}	Großer Text
\Large{Etwas größer}	Etwas größer
\LARGE{Größerer Text}	Größerer Text
\Huge{Riesengroß}	Riesengroß
\&	&
\%	%
\#	#
\$	$
\textasciitilde{ }	~
\copyright	©
$\Leftarrow$ $\Rightarrow$	$\Leftarrow \Rightarrow$
$\leftarrow$ $\rightarrow$	$\leftarrow \rightarrow$
Nicht trennen 7\,kg 20\,m	Nicht trennen 7 kg 20 m
Text \hspace{15mm} abstand	Text abstand
% Kommentar im Text	(nichts)

Tabelle 1: Textmarkierungen, Schriftgrößen und Sonderzeichen. Eine komplette Liste mit weiteren Befehlen finden Sie im Anhang ab Seite 197.

handen ist. Ein Prozentzeichen vor einem Absatzanfang würde den gesamten Absatz als Kommentar markieren, der im Editor in grauer Schrift erscheint, wenn Sie nicht zwischendurch einen Zeilenumbruch erzwingen, indem Sie die ENTER-Taste zwei mal drücken. In der Bildschirmausgabe oder im Ausdruck würde dieser Absatz dann nicht erscheinen. Als Autor können

Das %-Zeichen ermöglicht Kommentare im Text, die nicht ausgedruckt werden.

Sie sich so zum Beispiel Hinweise zum Text direkt im Dokument anlegen. Will man im Text bewusst ein Prozentzeichen % verwenden, so muss man einen Backslash \ davor setzen, wie in der Tabelle 1 auf Seite 55 gezeigt.

Was sich gegenüber den Anfängen von TeX und LaTeX sehr vereinfacht hat, ist die Eingabe von deutschen Umlauten und Sonderzeichen. Möglich machen das die mit »\usepackage« am Dokumentenanfang geladenen Pakete »babel« und »inputenc«. Dabei muss dem »inputenc-package« als Option noch der verwendete Code mitgegeben werden. Dieser ist »utf8« und heute schon fast Standard. Während man früher $\boxed{\text{Ä ö ü ß}}$ noch als $\boxed{\text{"A "o "u "ss}}$ eingeben musste, können Sie es heute ganz normal über die Tastatur als $\boxed{\text{Ä ö ü ß}}$ eintippen. Manchmal finden Sie diese Schreibweise mit dem Gänsefüßchen vor dem Umlaut ohne »Pünktchen« noch in alten Fachbüchern oder im Internet. Wenn Sie die von mir vorgeschlagene Präambel[2] für Ihre Dokumente benutzen, können Sie das vergessen, was den Umstieg auf LaTeX noch ein ganzes Stück leichter macht. Den leider notwendigen kleinen Umweg, korrekte Anführungszeichen einzugeben, habe ich ja schon auf Seite **??** beschrieben. Das hat aber weniger mit LaTeX zu tun, als mit den Unzulänglichkeiten der deutschen Tastatur, die eben nur ein und nicht zwei verschiedene Anführungszeichen für den Anfang und das Ende kennt. Außerdem entspricht dieses eine Zeichen leider nicht den typografischen Anforderungen eines guten Layouts.

Wäre die Tastatur doch bloß in Deutschland entwickelt worden!

.tex sollte die Dateiendung Ihrer künftigen Dokumente sein.

Wichtig, damit Ihre erstellte Textdatei durch LaTeX auch erkannt und in eine druckbare PDF-Datei umgewandelt werden kann, ist die Dateiendung mit **.tex**. Von dieser Datei sollten Sie sich regelmäßig ein Backup auf einem anderen Datenträger

---

[2]Die Vorgaben am Dokumentenanfang

(USB-Stick oder CD) machen. Dazu gehört auch ein Backup der Bibliotheksdatei **.bib**, falls Sie ein Literaturverzeichnis verwenden. Aus diesen beiden Dateien können Sie jederzeit wieder eine PDF-Ausgabedatei erstellen.

Die PDF-Datei, die Sie später, wenn Ihr Buch fertig ist, als Buchblock an den Verlag senden wollen, erstellen Sie, indem Sie oben im linken umrahmten Menü ⌐Schnelles Übersetzen¬ einstellen und dann den Pfeil links daneben anklicken (siehe Abb. 6 . Standardmäßig ist die Option »Schnelles Übersetzen« meist schon eingestellt. Sollten Sie ein Inhaltsverzeichnis, ein Indexverzeichnis oder ein Literaturverzeichnis verwenden, sind weitere Schritte erforderlich. Dazu folgt später noch eine Erklärung. Bei Liebesromanen und Kriminalromanen wird das wohl eher nicht der Fall sein.

Eine vollständige Romanvorlage mit Präambel für ein Buch zeige ich Ihnen noch ab Seite 173.

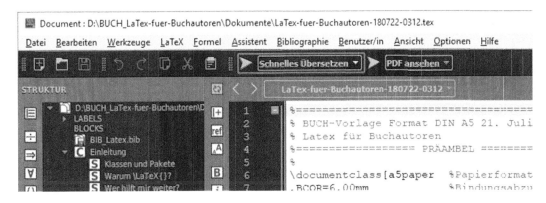

Abb. 6: TeXMAKER Menüleiste

Grafiken und Bilder, die Sie in Ihrem Dokument verwenden, sollten Sie in einem Unterordner des Dokuments abspeichern, damit Sie diese beim Sichern des Projektes nicht vergessen können. Damit Sie den Ordner nicht explizit vor dem Dateinamen eines jeden Bildes angeben müssen, empfiehlt sich die Angabe

Beachten Sie die Schrägstriche, die keine Backslashes sind, und achten Sie auf die Anzahl der geschweiften Klammern. Zu jeder öffnenden Klammer gehört auch eine schließende Klammer.

Den Buchstaben »X« müssen Sie durch den tatsächlichen Laufwerksbuchstaben ersetzen.

des Bilderpfades am Anfang des Dokumentbereiches (**nicht im Präambelbereich**):

```
\graphicspath{{X:/MeinBuch/BuchBlock/Bilder/}}
```

Listing 3: Pfad zu den Bildern einstellen

Wenn Sie in Ihren Ordner schauen, wo Sie Ihr Dokument gespeichert und dann auch übersetzt haben, werden Sie mehrere Dateien finden, die den gleichen Namen tragen, aber unterschiedliche Endungen (Dateitypen) besitzen. Die Tabelle 2 zeigt die möglichen Dateien und ihre Bedeutung.

Dateiendung	Dateiinhalt / -funktion
tex	**Ihre erstellte Textdatei**
bib	**Ihr Literaturverzeichnis**, falls erstellt
mst	**Index-Steuerdatei**, siehe Seite 187
lof	Abbildungsverzeichnis
lot	Tabellenverzeichnis
aux	enthält Querverweise (auf Label)
bcf	Biber Steuerdatei für Literaturverzeichnis
idx	Enthält die mit \index markierten Stichworte
log	Protokoll des Übersetzungsverlaufs
out	Enthält PDF-Bookmarks
pdf	**Ihre druckbare Ausgabedatei**
toc	Titel und Seitenzahlen für Inhaltsverzeichnis
tex.bak	Automatisches Backup

Tabelle 2: Die verschiedenen TeXMAKER-Dateien. Sichern Sie auf jeden Fall Ihre **tex-Datei** und ein eventuell erstelltes **Literaturverzeichnis** sowie ggfs. die **mst-Datei**.

Hinweis: Die »mst-Datei« kann einen beliebigen Namen haben, nur die Endung muss ».mst« sein. Genauso ist es mit der

Bibliotheks-Datei, deren Endung ».bib« sein muss. Alle anderen Dateien mit den verschiedensten Endungen haben alle den Namen, den Sie Ihrem TeX-Dokument gegeben haben.

7.1 Das Wesentliche für Autoren

Wie ein LaTeX Dokument im Prinzip aufgebaut ist, haben Sie schon bei der kleinen Übung mit dem einfachen Beispiel gesehen. In der Präambel werden Voreinstellungen vorgenommen und im Dokumententeil schreiben Sie Ihren Text. Dabei haben Sie auch einige Befehle kennengelernt, die bei LaTeX immer mit einem Backslash beginnen (»\befehl«). Viel mehr, als was Sie in dieser ersten Übung kennengelernt haben, werden Sie nicht benötigen. Im Prinzip fehlen nur noch die Eingaben für die Titelei Ihres Buches, die aus dem Schmutztitel und der Titelseite (ggfs. mit Rückseite) besteht. Diese finden Sie später in der kompletten Romanvorlage ab Seite 173.

Das Beispiel finden Sie ab Seite 49

Es gibt verschiedene Arten von Befehlen in LaTeX, die sich wie folgt unterscheiden:

7.1.1 Befehle ohne Optionen und Parameter

Diese Befehle bestehen nur aus dem führenden Backslash und einem Wort, wie zum Beispiel »\Huge« für eine sehr große Schrift oder »\LaTeX« für den Ausdruck des LaTeX Logos. Ein Leerzeichen hinter dem Befehl beendet den Befehl und wird **nicht** als Leerzeichen ausgegeben. Daher müssen Sie darauf achten, dass ein gewolltes Leerzeichen nach einem Befehl erzwungen wird und nicht nur als Befehlsende interpretiert wird. Entweder setzen Sie ein geschweiftes Klammerpaar oder aber einen Backslash hinter das Befehlswort, bevor Sie das gewollte Leerzeichen eingeben. Hier folgt ein Beispiel.

```
1 Falsch:  Dies ist mein erstes \LaTeX Buch\\
2 Richtig: Dies ist mein erstes \LaTeX{} Buch\\
3 Richtig: Dies ist mein erstes \LaTeX\ Buch\\
```

Listing 4: Leerzeichen hinter Befehl

1 Druck: Dies ist mein erstes LaTeXBuch

2 Druck: Dies ist mein erstes LaTeX Buch

3 Druck: Dies ist mein erstes LaTeX Buch

7.1.2 Befehle mit einem Parameter

Zu den Befehlen mit einem Parameter gehört zum Beispiel der Befehl für Fettdruck. Hinter dem Befehl folgt in geschweiften Klammern der Text, der in Fettschrift ausgegeben werden soll. Auch hierfür folgt ein Beispiel.

```
\textbf{Dieser Satz wird fett gedruckt, weil er innerhalb der
geschweiften Klammern nach dem Befehl für Fettdruck steht.} Ab
hier gilt wieder Normalschrift.
```

Listing 5: Befehl für Fettschrift

Dieser Satz wird fett gedruckt, weil er innerhalb der geschweiften Klammern nach dem Befehl für Fettdruck steht. Ab hier gilt wieder Normalschrift.

7.1.3 Umgebungs-Befehle

Wird ein Textbereich oder Objekt in besonderer Weise ausgerichtet spricht man auch von Umgebungsbefehlen. Diese bestehen immer aus zwei Teilen, z. B. einem »\begin{center}« und einem »\end{center}«. Der Text oder das Bild zwischen

diesen beiden Befehlen wird im Satzspiegel zentriert ausgegeben, wie das folgende Beispiel zeigt.

```
\begin{center}
Dieser Text befindet sich in einer zentrierten Umgebung und wird
daher zentriert ausgegeben.\\

Und hier folgt noch ein Bild, ebenfalls in der Mitte des
Satzspiegels.
\includegraphics[width=38mm]{Leser-ueber-Buch}
\end{center}
```

Listing 6: Zentrierter Text und zentrierte Bilder

Dieser Text befindet sich in einer zentrierten Umgebung und
wird daher zentriert ausgegeben.
Und hier folgt noch ein Bild, ebenfalls in der Mitte des
Satzspiegels.

Weitere Umgebungsbefehle zur Ausrichtung von Text oder Bildern werden Sie später noch kennenlernen, wenn es ab Seite
71 um die Textausrichtung geht.

7.1.4 Normaler Text

Normalen Text schreiben Sie auch in LaTeX so, wie Sie ihn aus
anderen Textprogrammen gewohnt sind. TeXMAKER führt
dabei auch eine einfache Rechtschreibprüfung durch und mar-

kiert unbekannte (falsch geschriebene?) Worte mit einem roten Unterstrich. Sie können das Wort lernen lassen, wenn Sie sicher sind, dass es richtig geschrieben ist. Klicken Sie mit der rechten Maustaste auf das rot unterstrichene Wort. Entweder akzeptieren Sie einen der Wortvorschläge oder Sie wählen aus dem Auswahlmenü »Rechtschreibung (Auswahl)« aus. Klicken Sie anschließend auf $\boxed{\text{Immer ignorieren}}$. Dieses Wort wird dann im Wörterbuch gespeichert. Alternativ korrigieren Sie das Wort durch Ausfüllen des Feldes hinter »Ersetzen durch« und klicken auf $\boxed{\text{Ersetzen}}$. Sie können das Wort auch direkt im Text verbessern. Eine Rechtschreibprüfung für das gesamte Dokument können Sie durchführen lassen, wenn Sie im TeXMAKER-Menü »Bearbeiten« auf »Rechtschreibung prüfen« klicken.

Wichtig: Überzeugen Sie sich über die **richtige Schreibweise**, bevor Sie ein Wort ins Wörterbuch aufnehmen!

Das TeXMAKER Wörterbuch wird hier gespeichert:
`C:/Programme(x86)/Texmaker/de_DE.dic`

Sie können in der TeXMAKER Konfiguration aber auch einen anderen Ort für das Wörterbuch festlegen und das Wörterbuch dann dorthin verschieben.

Absätze fügen Sie ein, indem Sie im Editor durch zweimaliges Drücken der ENTER-Taste eine Leerzeile einfügen.

Mehrere Leerzeilen im Editor fasst LaTeX zu einer Leerzeile zusammen.

Mehrere Leerzeichen werden bei TeXMAKER zu einem zusammengefasst. Wollen Sie einen größeren Zwischenraum erzeugen, machen Sie das mit dem Befehl »\hspace« (siehe Tabelle 1 auf Seite 55). Egal, wie viel Text Sie im Editor in eine Reihe schreiben, TeXMAKER füllt dabei die Zeilen in der Ausgabedatei immer auf und macht erst dann einen Absatz, wenn Sie eine Leerzeile im Text einfügen, indem Sie die ENTER-Taste zwei mal drücken.

```
Auch dieser     Text      wird in    TeXMAKER
zu       einigen
wenigen      Zeilen                   zusammen
gezogen.           Dabei spielen  die Abstände
zwischen     den     Worten keine    Rolle.

Hier beginnt nach einer eingefügten Leerzeile ein neuer Absatz.
```

Listing 7: Leerzeichen in Folge im Editor

Auch dieser Text wird in TeXMAKER zu einigen wenigen Zeilen zusammen gezogen. Dabei spielen die Abstände zwischen den Worten keine Rolle.

Hier beginnt nach einer eingefügten Leerzeile ein neuer Absatz.

Auf **Leerzeichen** zwischen Worten reagiert LaTeX nur einmal.

Standardmäßig macht TeXMAKER dabei bei jedem neuen Absatz in der ersten Zeile einen kleinen Einzug, verwendet aber keine Leerzeilen zwischen den Absätzen. Aber natürlich lässt sich auch das ändern, so wie ich es in diesem Buch gemacht habe. Wenn Ihnen ein größerer Abstand zwischen den Absätzen lieber ist, und Sie gerne eine Leerzeile dazwischen hätten,so müssen Sie einfach in der ersten Zeile Ihres Dokumentes (in der Präambel) hinter »\documentclass« noch die Option parskip=full (oder auch parskip=half) angeben. Ihr Dokument könnte dann so beginnen:

```
\documentclass[a5paper,12pt,DIV=16,parskip=full]{scrbook}
```

Listing 8: Vorgabe für Absatzabstand eine Zeile

Wer Leerzeilen zwischen den Absätzen nutzt, sollte aber auf das Einrücken der ersten Zeile eines neuen Absatzes verzichten.

```
\begin{document}%
% Einrücken erste Zeile festlegen
\setlength{\parindent}{0mm}% hier 0mm = kein Einzug
```

Listing 9: Absatzeinzug festlegen

Hinweis:
In den nicht farbigen Listings sind die Kommentare nicht grün, sondern grau.

Auch das geht. Ergänzen Sie dazu hinter dem Dokumentenbeginn die Zeile mit dem Befehl »\setlength{parindent}{0mm}«, so wie im Listing 9.

Welche Schriftgrößen es gibt, habe ich schon in Tabelle 1 auf Seite 55 gezeigt. Hier folgt noch ein Beispiel, wie Sie ein einzelnes Wort oder einen ganzen Absatz in einer abweichenden Schriftgröße darstellen können.

Statt »footnotesize« können Sie natürlich auch jede andere Schriftgröße eingeben oder zum Beispiel auch den Befehl »center«. Beachten Sie, dass vor »LARGE« der Backslash stehen muss, vor »footnotesize« aber nicht, da der Befehl bereits mit »\beginn« bzw. »\end« beginnt und mit einem Backslash eingeleitet wird. »footnotesize« ist jetzt nur noch ein Parameter und kein eigenständiger Befehl mehr.

```
Sie können ein einzelnes {\LARGE Wort} in der Schriftgröße ändern
, oder auch einen ganzen Absatz:

\begin{footnotesize}
Dieser Absatz wurde mit der kleinen Schriftgröße eingegeben, die
für Fußnoten gedacht ist, aber natürlich auch anderweitig genutzt
 werden kann.
\end{footnotesize}
```

Listing 10: Schriftgröße verändern

Sie können ein einzelnes Wort in der Schriftgröße ändern, oder auch einen ganzen Absatz:

Dieser Absatz wurde mit der kleinen Schriftgröße eingegeben, die für Fußnoten gedacht ist, aber natürlich auch anderweitig genutzt werden kann.

Aber natürlich können Sie auch die Schrift (den Font) selber ändern. Eine Übersicht freier Schriften finden Sie im Internet bei Matthias Pospiech [8]. Ich habe für dieses Buch die Schrift »lmodern« benutzt.

7.2 Textgliederung - Die Ebenen

In diesem Buch nutze ich zur Untergliederung nur die Gliederungsebenen »Kapitel« (chapter) und die »Abschnitte« (section und subsection). Romanautoren werden auch nicht mehr

Unterteilungen benötigen, sondern eher ganz ohne Abschnitts-
unterteilungen arbeiten. Wer aber dennoch sein Buch in bestimmte Abschnitte unterteilen will, für den gibt es noch einige
Ebenen mehr, die aber eher sehr selten benötigt werden, wenn
man nicht gerade ein Fachbuch schreibt. Will man die Nummerierung der Kapitel und Unterebenen unterdrücken, muss vor
die öffnende geschweifte Klammer ein Sternchen (*) gesetzt
werden, so wie es die Zeilen 10 und 11 im folgenden Beispiel
zeigen.

```
 1  \chapter{Ein Kapitelname}           % 1 Ein Kapitelname
 2  \section{Ein Abschnitt}             % 1.1 Ein Abschnitt
 3  Beliebiger Text, Bilder, Grafiken usw.
 4  \section{Noch ein Abschnitt}        % 1.2 Noch ein Abschnitt
 5  Wieder Text oder irgendetwas sinnvolles
 6  \subsection{Ein Unterabschnitt}     % 1.2.1 Ein Unterabschnitt
 7  Na, was wohl?
 8  Auch hier gibt es interessanten Inhalt
 9  \subsubsection{Weitere Untergliederung}% 1.2.1.1
10  Selbst so tief verschachtelt kann sich
11  Text verbergen
12  \chapter*{Nächstes Kapitel}         % 2 Nächstes Kapitel
13  \section*{Zweiter Abschnitt}        % 2.1 Ein Abschnitt
14  Ein neues Kapitel und ein neuer Abschnitt
```

Listing 11: Kapitel und Unterkapitel

Allerdings erscheinen diese mit Sternchen gekennzeichneten
Kapitel oder Unterkapitel dann auch nicht im Inhaltsverzeichnis, sofern überhaupt eines angelegt wird. Sollen Überschriften
generell nicht nummeriert werden, aber im Inhaltsverzeichnis
erscheinen, so wird in der Präambel folgende Zeile ergänzt:

```
\setcounter{secnumdepth}{-1}
```

Listing 12: Nummerierung der Kapitel unterdrücken

In diesem Buch habe ich die Kapitel mit Nummern versehen,
so wie es in Fachbüchern üblich ist und eine schnellere Orien-
tierung ermöglicht. Statt der Angabe {-1} im Listing 12 habe

ich wegen der Nummerierung daher {2} eingetragen, sodass eine Nummerierung bis zur zweiten Unterebene erfolgt. In einem Roman wird das nicht notwendig sein, da man darin wohl nur selten vor- und zurückblättern wird.

Wie die Auflistung von Kapiteln und Unterkapiteln im Inhaltsverzeichnis aussieht, können Sie sich auf Seite 5 dieses Buches ansehen. Dabei sind die Kapitel fett gedruckt und die Abschnitte erscheinen in Normalschrift und sind etwas eingerückt.

7.3 Zeilenumbruch, Absätze und Seitenumbruch

Zeilen- und Seitenwechsel (Umbrüche) werden von LaTeX normalerweise automatisch durchgeführt, wenn Sie Ihren Text schreiben. Wollen Sie aber an einer bestimmten Stelle einen **Zeilenumbruch**
erzwingen, so fügen Sie an dieser Stelle den doppelten Backslash \\ ein, so wie ich es hier hinter dem fett gedruckten Wort »Zeilenumbruch« getan habe. Dieser doppelte Backslash ist im Ausdruck natürlich nicht zu sehen. Die aus anderen Textprogrammen bekannte Variante, mit der ENTER -Taste einen Zeilenumbruch herbeizuführen, hat bei **LaTeX** keinen Einfluss auf das Textbild. Ich hatte eine Zeile vorher hinter dem in fett gedruckten Wort »LaTeX« die ENTER-Taste gedrückt. Im Editor sieht man dann einen Zeilenwechsel, aber auf den Ausdruck hat das keinen Einfluss.

Die **ENTER-Taste** bewirkt im Ausdruck keinen Zeilenumbruch!

Mit dem Befehl »\clearpage« erzwingen Sie einen Seitenwechsel, **so wie hier nachfolgend.**

Absätze werden in LaTeX erzeugt, indem man einfach eine Leerzeile einfügt. Dazu drücken Sie zweimal die Eingabe- bzw. ENTER-Taste, so wie ich es jetzt tue.

An dieser Stelle fängt ein neuer Absatz an, weil ich eben die Eingabetaste zweimal gedrückt habe. Seitenumbrüche werden automatisch erzeugt, wenn der Text nicht mehr auf die Seite passt. Dabei werden weitestgehend bestimmte Layoutvorgaben wie die Vermeidung von »Schusterjungen«[3] und »Hurenkindern«[4] beachtet. Gut erklärt findet man den voreiligen Schusterjungen und das vaterlose Hurenkind auf Wikipedia [14].

Will man einen **vertikalen Abstand** zum Beispiel zwischen Absätzen, vor oder nach Bildern oder Tabellen einfügen, so kann man dazu den Befehl »\vspace{8mm}« nutzen, wobei der Wert frei wählbar ist und auch negativ sein kann, um einen zu großen Abstand zu verringern.

Hier wurde im ☞ Editor eine Leerzeile eingefügt, wodurch ein Absatz beendet und ein neuer angefangen wird.

Auch durch mehrere Leerzeilen im Editor erreichen Sie keinen größeren Abstand zur nächsten Zeile. LaTeX fasst mehrere Leerzeilen zu einer Leerzeile zusammen.

```
Hier befindet sich ein Text, ein Bild oder eine Tabelle. Und hier
   geht es im Text weiter.
\vspace{8mm}
Beachten Sie den großen Abstand zwischen den Zeilen, den ich mit
\vspace{8mm} eingefügt habe. \textbf{Frage:} Fällt Ihnen der
Unterschied zwischen der Texteingabe und der Ausgabe auf?
```

Listing 13: Vertikaler Abstand im Text oder zwischen Objekten mit dem Befehl \vspace

Den Ausdruck zu diesem Listing sehen Sie auf der nächsten Seite.

---

[3]Voreiliger Schusterjunge: Eine Zeile am Seitenende, die zu einem Absatz auf der nächsten Seite gehört.

[4]Vaterloses Hurenkind: Die letzte Zeile eines Absatzes die oben auf einer neuen Seite erscheint.

Vertikaler Abstand von 8 mm. Die 8 mm sind ein zusätzlicher Abstand zum normalen Zeilenabstand von hier 6 mm, Sie messen also ca. 14 mm von Zeilenunterkante zu Zeilenunterkante.

> Hier befindet sich ein Text, ein Bild oder eine Tabelle. Und hier geht es im Text weiter. Beachten Sie den großen Abstand
>
> zwischen den Zeilen, den ich mit »\vspace{8mm}« eingefügt habe. **Frage:** Fällt Ihnen der Unterschied zwischen der Texteingabe und der Ausgabe auf?

Antwort: Auch wenn ich den Abstandsbefehl von 8 mm hinter dem Wort »weiter« gegeben habe, füllt LaTeX die Zeile erst noch auf, bevor der Befehl wirksam wird. In der Ausgabe erfolgt die Einfügung des Abstandes daher erst nach der zweiten Textzeile. Das Einfügen eines vertikalen Abstandes zwischen Zeilen führt also richtigerweise nicht dazu, dass eine Textzeile vorzeitig umgebrochen wird. Wollen Sie den Umbruch und Abstand aber unbedingt an einer bestimmten Stelle haben, so fügen Sie einfach einen Absatzbefehl »\par« ein und schreiben dann den Abstandsbefehl »\vspace{8mm}«.

Mit dem Absatzbefehl »\par« können Sie den vertikalen Abstand auch direkt hinter dem Wort erzwingen, nachdem der Abstand im Text erfolgen soll.

```
Hier befindet sich ein Text, ein Bild oder eine Tabelle. Und hier
 geht es im Text weiter.\par
\vspace{8mm}
Beachten Sie den großen Abstand zwischen den Zeilen, den ich mit
\vspace{8mm} eingefügt habe. \textbf{Frage:} Fällt Ihnen der
Unterschied zwischen der Texteingabe und der Ausgabe auf?
```

Listing 14: Nochmal: Vertikaler Abstand

> Hier befindet sich ein Text, ein Bild oder eine Tabelle. Und hier geht es im Text weiter.
>
> Beachten Sie den großen Abstand zwischen den Zeilen, den ich mit »\vspace{8mm}« eingefügt habe. **Frage:** Fällt Ihnen der Unterschied zwischen der Texteingabe und der Ausgabe auf?

Wenn man einen **Seitenumbruch** manuell erzwingen will, weil man auf einer neuen Seite weiterschreiben möchte, so gibt es dafür den Befehl »\newpage« oder auch »\clearpage«. Mit letzterem Befehl werden auch noch nicht ausgegebene Bilder und Tabellen auf der nächsten Seite ausgegeben. Buchautoren können auch den Befehl »\cleardoublepage« eingeben, um auf einer neuen Seite weiterzuschreiben. Dabei wird der Text aber dann in jedem Fall auf einer ungeraden Seite fortgesetzt. Gegebenenfalls wird dazu auch eine Leerseite eingefügt. Wenn man nach einem Absatz den Kapitelbefehl »\chapter« verwendet, beginnt dieses neue Kapitel bei einer Buchvorlage (Dokumentenklasse »scrbook«) immer auf einer rechten (ungeraden) Seite, ohne dass man extra einen Seitenvorschub einfügen muss.

7.4 Spezielle Zeilenumbrüche

Hinter dem doppelten Backslash am Ende einer Zeile können Sie in eckigen Klammern einen Wert für den Abstand zur nächsten Zeile einfügen, wie es das folgende Beispiel zeigt.

```
\documentclass[paper=A5,fontsize=12pt]{scrbook}
\begin{document}

Zeilenumbrüche werden von LaTeX automatisch durchgeführt, wenn weitere Worte nicht
  mehr in die Zeile passen.\\[10mm]
Einen Zeilenumbruch kann man aber auch erzwingen,\\ wenn man einen doppelten
Backslash einfügt.

\end{document}
```

Listing 15: Manueller Zeilenumbruch mit nachfolgendem Leerraum

Der Abstandsbefehl direkt hinter dem doppelten Backslash für den Zeilenumbruch hat die gleiche Wirkung, wie der vorher kennengelernte Abstandsbefehl »\vspace« zwischen zwei Absätzen.

> Zeilenumbrüche werden von LaTeX automatisch durchge-
> führt, wenn weitere Worte nicht mehr in die Zeile passen.
>
>
> Einen Zeilenumbruch kann man aber auch erzwingen,
> wenn man einen doppelten Backslash einfügt.

Zu dem Wert für den Abstand zur nächsten Zeile kommt noch
der normale Zeilenabstand, sodass Sie bei einem Wert von
10 mm einen Abstand von ca. 16 mm messen werden. Einen
Zeileneinzug im Absatz nach dem Leerraum erhalten Sie, wenn
Sie eine Leerzeile einfügen und damit einen echten Absatz erzeugen.

7.5 Manuelle Silbentrennung

Latex verfügt über eine recht gut funktionierende Silbentrennung, wenn Sie das Paket »ngerman« in der Präambel angeben. Bei Fremdwörtern kann es allerdings zu Problemen bzw.
unschönen Trennungen kommen, da diese nach deutschen Regeln getrennt werden. In solchen Fällen sollten Sie dem Wort
eine »Sollbruchstelle« mit auf den Weg geben, also angeben,
wo eine Trennung sinnvollerweise zu erfolgen hat. Diese erfolgt
aber nur dann, wenn das Wort auch tatsächlich am Zeilenende
steht. Die mögliche Trennstelle geben Sie im Wort mit einem
Backslash und nachfolgenden Bindungsstrich (Minuszeichen)
so an, wie in folgendem Beispiel des Wortes »Cyclopentadien«,
einer farblosen Flüssigkeit, dessen Wortursprung in Griechenland liegt.

```
\documentclass[paper=A5,fontsize=12pt]{scrbook}
\begin{document}
In dieser sehr langen Textzeile soll das Fremdwort Cy\-
clopentadien hinter dem \enquote{y} getrennt werden, falls es am
Ende einer Zeile erscheint.\\

In dieser sehr langen Textzeile soll das Fremdwort Cyclo\-
pentadien hinter dem \enquote{a} getrennt werden, falls es am
Ende einer Zeile erscheint.\\

In dieser sehr langen Textzeile soll das Fremdwort Cyclopentadien
 automatisch getrennt werden, falls es am Ende einer Zeile
erscheint.\\
\end{document}
```

In dieser sehr langen Textzeile soll das Fremdwort Cyclopentadien hinter dem »y« getrennt werden, falls es am Ende einer Zeile erscheint.

In dieser sehr langen Textzeile soll das Fremdwort Cyclopentadien hinter dem »o« getrennt werden, falls es am Ende einer Zeile erscheint.

In dieser sehr langen Textzeile soll das Fremdwort Cyclopentadien automatisch getrennt werden, falls es am Ende einer Zeile erscheint.

Wenn es nicht unbedingt erforderlich ist, sollte man von manuellen Trennvorschlägen Abstand nehmen. Nur wenn diese bei Fremdwörtern tatsächlich unrichtig sind, bieten sie sich an. Wie man gut erkennen kann, sieht der dritte Absatz am besten aus, wo die Trennung LaTeX überlassen wurde.

Beachten Sie, dass dieser »Trennbefehl« bewirkt, dass eine Trennung des Wortes an anderer Stelle nicht erfolgt, auch wenn das grammatisch richtig wäre. Man sollte daher dann alle möglichen bzw. gewünschten Trennstellen im Wort angeben. Besser ist es, LaTeX die Trennung vornehmen zu lassen.

7.6 Textausrichtung

Standardmäßig wird Text in LaTeX im Blocksatz gesetzt und die erste Zeile jeden Absatzes wird ein kleines Stück eingerückt. Zentrierten Text erhalten Sie, indem Sie diesen in eine »center«-Umgebung einbetten. Ich zeige das hier am erweiterten Beispiel von Seite 13.

```
\documentclass[paper=A5,fontsize=12pt]{scrbook}
\begin{document}

\begin{center}              % Beginn Zentrierung
\LARGE                      % Ab hier große Schrift
Das Wunder der Zellen\\ % Der Text (Überschrift)
\tiny                       % Ab hier sehr kleine Schrift
(Dr. Michael Denton, amerikanischer Arzt und  Molekularbiologe,
geboren 1943.)
\end{center}                % Ende der Zentrierung und der
Kleinschrift

Selbst die allereinfachste Art von Zelle, die wir kennen, ist so
 komplex, dass wir unmöglich annehmen können, ein solches
Gebilde sei einfach so urplötzlich durch irgendein
unberechenbares und höchst unwahrscheinlichstes Zufallsereignis
entstanden. Dies wäre gleichbedeutend mit einem Wunder.

Der Text ist ein Auszug aus dem Buch \enquote{GIST, Gene und
Mutationen}.

\end{document}
```

Listing 16: Zentrierte Überschrift

Das Wunder der Zellen
(Dr. Michael Denton, amerikanischer Arzt und Molekularbiologe, geboren 1943.)

Selbst die allereinfachste Art von Zelle, die wir kennen, ist so komplex, dass wir unmöglich annehmen können, ein solches Gebilde sei einfach so urplötzlich durch irgendein unberechenbares und höchst unwahrscheinlichstes Zufallsereignis entstanden. Dies wäre gleichbedeutend mit einem Wunder.

Der Text ist ein Auszug aus dem Buch »GIST, Gene und Mutationen«.

Aber nicht nur Überschriften können zentriert werden, sondern auch normaler Text, so wie hier gezeigt:

```
\begin{center}
Hier in diesem Beispiel habe ich einen sehr kurzen Text
eingetippt, der zentriert angezeigt werden soll. Dabei wird die
gesamte Breite der Seite genutzt, wodurch die von mir gewünschte
Zentrierung des Textes fast nicht zu erkennen ist.
\end{center}
```

Ihr eingetippter Text

Listing 17: Auf ganze Seitenbreite zentrierter Text

Hier in diesem Beispiel habe ich einen sehr kurzen Text eingetippt, der zentriert angezeigt werden soll. Dabei wird die gesamte Breite der Seite genutzt, wodurch die von mir gewünschte Zentrierung des Textes fast nicht zu erkennen ist.

Der Text in der Ausgabe

Der obige Text ist zwar zentriert, aber als solcher fast nicht zu erkennen. Macht man die Zeilen kürzer, indem man einen manuellen Zeilenumbruch mit dem doppelten Backslash \\ erzwingt, kommt die Zentrierung des Textes deutlicher zur Geltung. Hier zunächst der Eingabetext und dann die zugehörige Ansicht in der PDF-Datei oder im Ausdruck.

```
\begin{center}
Hier habe ich einen Text eingetippt,\\% Ein doppelter ...
der zentriert angezeigt werden soll.\\% ... Backslash ...
Damit die Zentrierung allerdings deutlich\\% ... erzeugt
hervortreten kann, habe ich die Zeilen\\% ... einen ...
mit dem doppelten Backslash manuell\\% ... Zeilenumbruch.
gekürzt, so wie in diesem Beispiel.
\end{center}
```

Listing 18: Zentrierter Text mit gekürzter Zeilenlänge

Hier habe ich einen Text eingetippt,
der zentriert angezeigt werden soll.
Damit die Zentrierung allerdings deutlich
hervortreten kann, habe ich die Zeilen
mit dem doppelten Backslash manuell
gekürzt, so wie in diesem Beispiel.

Jetzt kann man die Zentrierung gut erkennen.

73

Durch die manuell gekürzten Textzeilen kommt die Textzentrierung sehr deutlich zur Wirkung. Die Länge der Zeilen können Sie dadurch bestimmen, wo Sie mit dem doppelten Backslash den vorzeitigen gewünschten Zeilenumbruch festlegen.

Sie können damit auch aus »langweiligem Text« interessante Textblöcke erzeugen, wo zum Beispiel die Zeilen immer länger oder immer kürzer werden. Oder der Textblock bekommt eine »Hüfte«, indem dessen Zeilen erst kürzer und dann wieder länger werden.

> Hier habe ich einen zentrierten Text eingegeben und die
> Zeilenlänge manuell mit dem Backslash bestimmt, sodass die
> Zeilen
> erst
> kürzer und
> dann wieder länger werden.
> Probieren Sie es mit einem beliebigen Text aus.

Wenn das für die meisten auch nur eine Spielerei ist, so kann das links- oder rechtsbündige Ausrichten eines Textes manchmal angebracht sein. Statt »center« benutzen Sie dann einfach die Befehle »flushleft« (linksbündiger Text) oder »flushright« (rechtsbündiger Text), wie ich hier nachfolgend zeige.

»flushleft« ...

\begin{flushleft}

Hier habe ich einen Text eingetippt,
der linksbündig angezeigt werden soll.
Dabei wird nicht die volle Seitenbreite
genutzt, weil ich die Zeilen mit dem
Doppel-Backslash gekürzt habe.

\end{flushleft}

... oder »flushright«.

\begin{flushright}

Hier habe ich einen Text eingetippt,
der rechtsbündig angezeigt werden soll.
Dabei wird nicht die volle Seitenbreite
genutzt, weil ich die Zeilen mit dem
Doppel-Backslash gekürzt habe.

\end{flushright}

Manchmal kommt es vor, dass man einen Absatz einrücken möchte, er aber trotzdem im Blocksatz erscheinen soll, also nicht zentriert oder im Flattersatz. Genutzt wird das oft für längere Zitate, um diese deutlich vom laufenden Text abzugrenzen. Benutzt wird dazu der Befehl »\quote«, der auf beiden Seiten des eigentlichen Textfeldes (Satzspiegels) einen freien Randbereich erzeugt, wie der folgende Buchauszug aus »Lenin in Zürich« von Alexander Solschenizyn [10] zeigt:

Als Flattersatz bezeichnet man links- oder rechtsbündigen Textsatz, der auf der jeweils anderen Seite dann einen unregelmäßigen Abstand zum Seitenrand aufweist.

```
\begin{quote}
Aber diese ganze Höhe war vergeudet, denn es gab nur eine
zwei Stockwerke hohe, hölzerne Galerie an den Wänden.
Zwischen den Bücherregalen hingen dunkle Porträts
gravitätischer Stadträte und Bürgermeister in Wams und
Halskrause. Sie anzuschauen oder gar ihre Namen zu lesen,
dazu blieb nie genug Zeit.
\end{quote}
```

Listing 19: Quote – Blocksatz mit verkürzter Zeilenbreite

Aber diese ganze Höhe war vergeudet, denn es gab nur eine zwei Stockwerke hohe, hölzerne Galerie an den Wänden. Zwischen den Bücherregalen hingen dunkle Porträts gravitätischer Stadträte und Bürgermeister in Wams und Halskrause. Sie anzuschauen oder gar ihre Namen zu lesen, dazu blieb nie genug Zeit.

Der Rahmen gibt den eigentlich für den Text vorgesehene Bereich an. Durch den Befehl »\quote« wird aber links und rechts ein breiter Rand gelassen und der Text dazwischen als Blocksatz (links- und rechtsbündig) gesetzt. Nur die letzte Zeile macht eine Ausnahme, da ein Auseinanderziehen der Worte dort sehr unschön aussehen würde, wenn die Zeile nicht komplett gefüllt ist. Der »quote«-Befehl ist ein sogenannter Umgebungs-Befehl, da er einen Text mit »\begin« und »\end« umgibt oder einschließt.

Eine einzelne Zeile oder auch ein Wort können Sie durch den Befehl »\centerline{Text}« zentrieren.

```
\documentclass[paper=A5,fontsize=12pt]{scrbook}
\begin{document}
Eine Zeile normaler Text. Anschließend kommt eine
\centerline{kurze zentrierte Zeile,}
und danach geht es wieder ganz normal weiter im Text.
\end{document}
```

Listing 20: Centerline – Eine zentrierte Zeile

Eine Zeile normaler Text. Anschließend kommt eine
kurze zentrierte Zeile,
und danach geht es wieder ganz normal weiter im
Text.

7.7 Textrichtung ändern

In LaTeX können Sie Text nicht nur links, rechts oder mittig ausrichten, sondern auch in seiner Richtung verändern. Außerdem lässt sich der Text horizontal oder vertikal spiegeln, und dabei auch noch die Schrift in der Höhe oder Breite oder auch in beide Richtungen verändern. Auch wenn Buchautoren diese Funktion wohl eher selten oder fast nie benötigen werden, möchte ich diese hier trotzdem kurz aufzeigen. Eventuell kann der eine oder andere von Ihnen diese bei der Covergestaltung gebrauchen.

```
1  \documentclass[paper=A5,fontsize=11pt]{scrbook}
2  \usepackage{graphicx}
3  \usepackage{rotating}

5  \begin{document}

7  Dieser Text ist \rotatebox{20}{um 20 Grad nach oben gedreht}\\
   und dieser Text \rotatebox{-30}{kippt nach unten.}\\

9  Und hier \reflectbox{\Huge{SPIEGELSCHRIFT}}.

11 \end{document}
```

Die Zeile 8 im Listing ist eine Leerzeile, damit der große gespiegelte Text etwas Abstand bekommt.

Listing 21: Text gedreht und gespiegelt

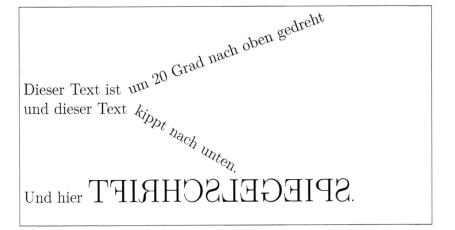

7.8 Text in der Box

Sie können aber Text nicht nur beliebig zentrieren oder in alle Richtungen drehen. Sie können Ihren Text sogar auch in eine kleine [Box] packen. Und das auch innerhalb einer Textzeile, wie Sie hier im Absatz sehen können. Das auch mehrere Worte

\fbox{Box}

in einer Box möglich sind, können Sie weiter unten sehen. Hier folgt das Listing für die kleine Box um ein einzelnes Wort, die Sie mit dem Befehl »\fbox« erzeugen.

```
Sie können aber Text nicht nur beliebig zentrieren oder in alle
Richtungen drehen. Sie können Ihren Text sogar auch in eine
kleine \fbox{Box} packen. Und das auch innerhalb einer Textzeile,
wie Sie hier im Absatz sehen können.
```

Listing 22: Kurzer Text in einer Box

Der Text in der fbox sollte aber die eingestellte Zeilenbreite nicht überschreiten, weil die fbox keine Rücksicht auf den zugeteilten Textbereich nimmt und nicht umgebrochen wird. Fängt die fbox erst mitten in einer Zeile an, kann es auch bei noch kürzeren Boxen zu einem Problem kommen, wenn das eigentliche Zeilenende erreicht wird, da die fbox im langen Text keinen Zeilenumbruch zulässt.

Die **fbox** ist eine Framebox, also eine Box mit Rahmen (engl. frame). Sie kennt aber keinen Umbruch. Wollen sie längeren Text oder vielleicht einen ganzen Absatz in eine gerahmte Box stecken, so packen sie diesen einfach in eine zusätzliche Absatzbox (**parbox**). Die »parbox« sorgt dafür, dass auch innerhalb der »fbox« ein Zeilenumbruch erfolgt, da die parbox sich an den Satzspiegel hält. Die Breite der »parbox« habe ich mit dem Parameter »\textwidth« angegeben, also der Breite des eigentlichen Satzspiegels – der normalen Textbreite. Da die parbox nicht breiter wird, als der Satzspiegel, bleibt auch die sie umfließende Rahmenbox (fbox) innerhalb der Satzspiegelbreite. Das Listing und Druckergebnis sehen Sie nachfolgend dargestellt.

```
\fbox{%
\parbox{\textwidth}{% Textbeginn
Wenn Sie dafür sorgen, dass die Zeilen zusätzlich in einer
Absatzbox (Befehl \parbox) untergebracht werden, können Sie auch
längeren Text oder einen ganzen Absatz in diese Box packen. Mit
dem Parameter \enquote{\textbackslash{}textwidth} stellen Sie die
 Box auf normale Textbreite ein.}}% Ende parbox und fbox
```

Listing 23: Längerer Text in einer Box mit Rahmen

Wenn Sie dafür sorgen, dass die Zeilen zusätzlich in einer Absatzbox (Befehl \parbox) untergebracht werden, können Sie auch längeren Text oder einen ganzen Absatz in diese Box packen. Mit dem Parameter »\textwidth« stellen Sie die Box auf normale Textbreite ein.

Sie können dem Befehl »\textwidth« auch einen Wert für die Textbreite der Box voranstellen.

```
\fbox{\parbox{0.5\textwidth}{Dieser Text steht in einer schmalen
Absatzbox. Ohne den parbox-Befehl würde die fbox über den
Seitenrand hinauslaufen.}}%
```

Halbe Textbreite bedeutet »0.5\textwidth«

Listing 24: Textbox mit reduzierter Breite

Dieser Text steht in einer schmalen Absatzbox. Ohne den parbox-Befehl würde die fbox über den Seitenrand hinauslaufen.

Auch Boxen mit Schatten und ovale Boxen sind möglich, wie die Beispiele hier oben und die folgenden Beispiele zeigen. Die als Ovalbox bezeichneten Textboxen sind allerdings nicht wirklich oval, sondern einfache rechteckige Boxen, allerdings mit abgerundeten Ecken. Um diese beiden Boxentypen nutzen zu können, muss das Paket »fancybox« in der Präambel nachgeladen werden. Für das folgende Beispiel habe ich zusätzlich mit den Befehlen \LARGE und \Huge größere Schriften gewählt. In der »Doppelbox« habe ich den Schriftzug LaTeX durch den vorangestellten Backslash als Befehl eingegeben, wodurch in der Box das Logo von LaTeX erscheint. Vergessen Sie die geschweiften Klammern in der Doppelbox hinter dem Wort »LaTeX« nicht, sonst erscheint kein Zwischenraum zum Wort »für«, da der Zwischenraum dann nur als Befehlsende interpretiert wird. In der Ovalbox ist das Wort »LaTeX« kein Befehl und damit auch das Klammerpaar nicht erforderlich.

Der Doppel-Backslash hinter der ersten Box (Doppelbox) sorgt für einen Abstand zwischen den beiden Boxen.

```
\documentclass[paper=a5,BCOR=6.00mm,DIV=16,twoside,fontsize=12pt,
headings=small]{scrbook}
usepackage{}fancybox}% erforderlich in der Präambel
\begin{document}
\begin{center}
\doublebox{\Huge\LaTeX{} für Buchautoren}\\

\Ovalbox{\LARGE LaTeX für Buchautoren}
\end{center}
\end{document}
```

Listing 25: Eine Doppelrahmenbox (\doublebox) und eine Rahmenbox mit abgerundeten Ecken (\Ovalbox)

LATEX für Buchautoren

LaTeX für Buchautoren

Achten Sie auf die Klein- bzw. Großschreibung der Befehle (doublebox, aber Ovalbox), da LaTeX sensibel auf die Schreibweise achtet (man spricht von Case-sensitiv) und falsche Schreibweisen oft[5] als Fehler betrachtet.

Hier folgt noch ein komplettes Listing mit Text in einer Schattenbox.

---

[5]Hier führt **D**oublebox zu einer Fehlermeldung, aber **o**valbox wird auch akzeptiert.

```
\documentclass[paper=A5   % Papierformat
,fontsize=12pt            % Schriftgröße
,BCOR=8mm                 % Bindungsabzug Innenseite 8mm
,DIV=18                   % Satzspiegel (13-18 mögl.)
,twoside=true             % zweiseitiger Satzspiegel
,pagesize=auto            % siehe unten
]{scrbook}

\usepackage{fancybox}     % ermöglicht allerlei Boxen

\begin{document}
\centering
\shadowbox{\fontsize{2.4em}{2.4em}\selectfont\textbf{Viel Erfolg
mit\\

\LaTeX.}}
\end{document}
```

Listing 26: Text in Schattenbox

Viel Erfolg mit LATEX.

Mit dem Befehl »\fontsize{2.4em}{2.4em}« habe ich den nachfolgenden Text in Breite und Höhe vergrößert. Dabei entspricht »1em« der Breite des Buchstabens »m« im aktuellen Zeichensatz (siehe auch Seite 200).

Die Angabe »pagesize=auto« kann auch einfach durch »pagesize« ersetzt werden, da dies die Standardeinstellung ist, wenn keine Option für »pagesize« angegeben wird. Mit »pagesize« wird das Ausgabeformat (die Papiergröße) in das Ausgabeformat geschrieben. Mit »auto« wird die Einstellung aus der Dokumentenklasse übernommen. Im Beispiel ist die Papiergröße mit »paper=A5« angegeben, sodass auch die Ausgabedatei im A5-Format erstellt wird.

7.9 Text als Stempelabdruck

Und falls Sie mal einen Spionagethriller schreiben wollen, könnte auch die Überdruckfunktion für Sie von Interesse sein. Positionieren Sie einfach eine umrahmte Box, über einen beliebigen Text und drehen diese Box mit dem Befehl »rotating«. So
können Sie quasi einen Stempelabdruck über einen anderen
Textabschnitt setzen.

```
1  \documentclass[paper=a5,BCOR=10.00mm,DIV=16,twoside,fontsize=12pt
   ,headings=small]{scrbook}
2  \usepackage{rotating}
3  \begin{document}
4  Hier zum Beispiel der Abdruck eines hochbrisanten Textes über ein
      so geheimes Thema, dass ich nicht einmal darüber schreiben darf,
      ohne es deutlich als \enquote{Streng Geheim}{} zu kennzeichnen.
      Auch die Weiterverbreitung dieses Textes ist untersagt und mit
      hohen Strafen bedroht. Am besten vergessen Sie alles, was hier
      geschrieben steht ganz schnell.\\
5  \begin{rotate}{20}
6  \hspace{30mm}\fbox{\LARGE\textbf{Streng Geheim}}% 30mm nach
   rechts
7  \end{rotate}
8  \end{document}
```

Listing 27: Text mit einem Stempelabdruck

Hier zum Beispiel der Abdruck eines hochbrisanten Textes
über ein so geheimes Thema, dass ich nicht einmal darüber
schreiben darf, ohne es deutlich als »Streng Geheim« zu kennzeichnen. Auch die Weiterverbreitung dieses Textes ist unter-
sagt und mit hohen Strafen bedroht. Am besten vergessen Sie
alles, was hier geschrieben steht ganz schnell.

Streng Geheim

Zunächst müssen Sie in der Präambel das Paket »rotating«
nachladen, falls es dort nicht schon wegen der gedrehten Texte eingetragen ist. Dann wird der normale Text geschrieben
(Zeile 4) und danach der Drehbefehl für den »Stempel« in Zei-

le 5 gegeben. In Zeile 6 wird dann eine gerahmte Textbox mit dem Befehl »\fbox« erstellt, die Schriftgröße mit »\LARGE« auf groß und mit »\textbf« auf fett eingestellt und dann der gewünschte Text in den geschweiften Klammern eingegeben. Mit »\hspace« habe ich die Box noch um 30 mm nach rechts geschoben. Falls erforderlich kann man mit »\vspace« auch die Höhe der Box verschieben. Ein bisschen probieren bringt den »Stempel« an die gewünschte Stelle.

ACHTUNG: Kommt der Absatz mit dem Text an einen Seitenwechsel, so erscheint der »Stempel« erst am Ende des Absatzes nach dem Seitenumbruch. Dann ist etwas Nacharbeit notwendig um den Absatz komplett auf einer Seite erscheinen zu lassen oder den »Stempel« neu zu positionieren. Bezugspunkt für den »Stempel« ist immer die linke untere Ecke des Absatzes, der dem »Stempelbefehl« vorausgeht.

Seitenwechsel bei nachträglichen Änderungen beachten

Ein paar weitere Beispiele über Textmanipulationen finden Sie im Kapitel »Ausblick auf LaTeX Möglichkeiten« ab Seite 145.

Sollten Sie beim Ausprobieren der Beispiele Fehlermeldungen erhalten, achten sie darauf, ob es sich um fehlende Pakete handelt und laden diese ggfs. mit »\usepackage{paketname}« in der Präambel nach. Sehr oft kommen anfangs auch Klammerfehler vor. Zu jeder öffnenden Klammer gehört eine schließende Klammer!

7.10 Mehrspaltiger Text

Es gibt zwar einen internen LaTeX-Befehl (\twocolumn), der das Schreiben von zweispaltigem Text erlaubt. Aber dieser Befehl erlaubt eben nur die zweispaltige Ausgabe, und außerdem bezieht er sich immer auf eine ganze Seite, was oft nicht gewollt ist. Um mehrspaltigen Text eingeben zu können, laden Sie daher besser in der Präambel das Paket »multicol« nach. Tragen sie dazu einfach die usepackage-Zeile dort ein, wo Sie auch andere Pakete nachladen. Mit dem Befehl »multicols« sind sie dann deutlich flexibler. Sie können nicht nur mehr als zwei Spalten angeben, sondern es ist ein beliebiges Mischen von mehr- und einspaltigem Text auf einer Seite möglich. Ein Spaltenwechsel erfordert dann keinen Seitenwechsel. Ergänzen Sie in der Präambel am Dokumentenanfang einfach die Zeile aus Listing 28 wie nachfolgend gezeigt. Anschließend geben Sie in Ihrem Übungsbeispiel die Zeilen aus Listing 29 ein.

Beachten sie den **Unterschied** zwischen dem Paketnamen »multicol« in der Präambel und dem Befehl »multicols« im Text.

```
\usepackage{multicol}% ermöglicht mehrspaltigen Text
```

Listing 28: Präambel-Ergänzung für mehrspaltigen Text

```
\begin{multicols}{2}
Geben Sie hier Ihren Text wie gewohnt ein. Die Aufteilung auf die
 Spalten erfolgt automatisch. Die Anzahl der Spalten geben Sie
 als Parameter in geschweiften Klammern an. Aber übertreiben Sie
 nicht bei der Spaltenzahl, da bei hoher Spaltenzahl das Umbrechen
 schwieriger wird und der Text damit unschön aussehen wird.
\end{multicols}
```

Listing 29: Beispiel für 2-spaltigen Text

So sieht die zweispaltige Ausgabe im Druck aus:

Latex versucht eine möglichst gleichmäßige Aufteilung des Textes auf alle Spalten. Sie müssen bei der Texteingabe die Aufteilung nicht eingeben.

Geben Sie hier Ihren Text wie gewohnt ein. Die Aufteilung auf die Spalten erfolgt automatisch. Die Anzahl der Spalten geben Sie als Parameter in geschweiften Klammern an.

Aber übertreiben Sie nicht bei der Spaltenzahl, da bei hoher Spaltenzahl das Umbrechen schwieriger wird und der Text damit unschön aussehen wird.

Wollen Sie Text gezielt auf verschieden Spalten aufteilen, so ist auch das möglich. Ein Beispiel dafür sehen Sie hier unten. Dabei kann eine Spalte auch einen Absatz enthalten, ohne dass der Text der einen Spalte in die zweite Spalte überwechselt. Der Spaltenwechsel erfolgt erst nach einer Leerzeile, wenn dann der Befehl \columnbreak folgt.

```
\begin{multicols}{2}
Auch Absätze sind in den Spalten möglich. Hier folgt eine
Leerzeile, wodurch ein Absatz entsteht.

Dieser Text soll in der ersten Spalte stehen und nicht in die
zweite Spalte überlaufen. Das tut er auch nicht, wie man deutlich
 erkennen kann. Erst die folgende Leerzeile und der Befehl
columnbreak sorgen für den Spaltenwechsel.

\columnbreak
Hier beginnt der Text der zweiten Spalte. Damit der
Spaltenwechsel klappt, gehört ans Ende des Textes für die erste
Spalte unbedingt eine Leerzeile. Die zweite Spalte enthält nur
einen Absatz.
\end{multicols}
```

Listing 30: Text mit ungleicher Spaltenaufteilung

Auch Absätze sind in den Spalten möglich. Hier folgt eine Leerzeile, wodurch ein Absatz entsteht.

Dieser Text soll in der ersten Spalte stehen und nicht in die zweite Spalte überlaufen. Das tut er auch nicht, wie man deutlich erkennen kann. Erst die folgende Leerzeile und der Befehl \columnbreak sorgen für den Spaltenwechsel.

Hier beginnt der Text der zweiten Spalte. Damit der Spaltenwechsel klappt, gehört ans Ende des Textes für die erste Spalte unbedingt eine Leerzeile. Die zweite Spalte enthält nur einen Absatz.

Hier der Ausdruck:
Die Spaltentrennung erfolgt durch eine Leerzeile und dem anschließenden Befehl »columnbreak«

Wenn Sie den Abstand zwischen den Spalten vergrößern wollen, so ist das für einen Abstand von einem Zentimeter mit dem Befehl »\setlength{columnsep}{1cm}« möglich.

```
\setlength{\columnsep}{1cm}
\begin{multicols}{2}
Dieser Text soll in der ersten Spalte stehen und nicht in die
zweite Spalte überlaufen. Den Wechsel erreichen Sie mit einer
Leerzeile als Absatztrennung und dem nachfolgenden Befehl
columnbreak.

\columnbreak
Hier beginnt die zweite Spalte, die jetzt etwas weiter von der
ersten Spalte abgerückt ist.
\end{multicols}
```

Listing 31: Mehrspaltiger Text mit deutlicher Spaltentrennung

Durch den breiteren Raum zwischen den Spalten wird der Text lesbarer und man rutscht nicht versehentlich in die rechte Spalte über, wenn man den Text in der linken Spalte liest. Hier sehen Sie das Ergebnis aus Listing 31:

Dieser Text soll in der ersten Spalte stehen und nicht in die zweite Spalte überlaufen. Den Wechsel erreichen Sie mit einer Leerzeile als Absatztrennung und dem nachfolgenden Befehl columnbreak.

Hier beginnt die zweite Spalte, die jetzt etwas weiter von der ersten Spalte abgerückt ist.

Hinweis: Alle Längenbefehle behalten ihre Gültigkeit, bis sie durch einen anderen Wert überschrieben werden.

Wenn es Ihnen gefällt, oder wenn Sie die Textspalten noch deutlicher voneinander trennen wollen, können Sie auch Trennstriche zwischen den Spalten anzeigen lassen. Dazu benutzen Sie den Befehl »\setlength\columnseprule{Strichbreite}«. Die Länge der Trennstriche muss nicht angegeben werden, sie richtet sich automatisch nach der Länge der Textspalten. Die

Strichbreite geben Sie in der geschweiften Klammer mit Wert und Maßeinheit an. Ich habe eine dünne Linie mit einer Breite von einem Punkt {1pt} gewählt. Sie können als Einheit für Längen, Breiten oder Abstände immer alle LaTeX-Einheiten (siehe Seite 200) und auch Milli- oder Zentimeter wählen. Allerdings wirken zu breite Trennstreifen nicht mehr schön. Nachfolgend zeige ich ein Beispiel mit dreispaltigem Text, der trotzdem auch auf einer kleinen Seite im A5 Format gut lesbar ist, da die Trennstriche die Textspalten gut voneinander trennen.

```
\documentclass[paper=a5,BCOR=10.00mm,DIV=16,twoside,fontsize=12pt
,headings=small]{scrbook}
\usepackage{multicol}
\begin{document}
\setlength{\columnsep}{20pt}      % Spaltenabstand
\setlength{\columnseprule}{1pt}  % Breite der Trennlinie
\begin{multicols}{3}              % Anzahl der Spalten
Geben Sie hier Ihren Text wie gewohnt ein. Die Aufteilung auf die
 Spalten erfolgt automatisch. Die Anzahl der Spalten geben Sie
als Parameter in geschweiften Klammern an. Übertreiben Sie aber
nicht bei der Spaltenzahl, da bei hoher Spaltenzahl das Umbrechen
 schwieriger wird und der Text damit unschön aussehen wird.
\end{multicols}
\end{document}
```

Listing 32: Mehrspaltiger Text mit Trennstrich

Geben Sie hier Ihren Text wie gewohnt ein. Die Aufteilung auf die Spalten erfolgt automatisch. Die Anzahl der Spal-	ten geben Sie als Parameter in geschweiften Klammern an. Übertreiben Sie aber nicht bei der Spaltenzahl, da bei ho-	her Spaltenzahl das Umbrechen schwieriger wird und der Text damit unschön aussehen wird.

LaTeX hat ein Gedächtnis. Beachten Sie, dass diese Werte für Abstände oder Breiten, die mit »\setlength{ }{ }« ange-

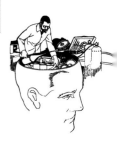

geben werden, nicht nur für den aktuellen Einzelfall gelten, sondern im gesamten folgenden Dokumententeil erhalten bleiben, wenn sie nicht durch einen anderen Wert überschrieben werden.

7.11 Fußnoten

Es sind auch mehrere Fußnoten auf einer Seite möglich, aber Sie sollten möglichst vermeiden, mehr als zwei auf einer Seite zu nutzen.

Wollen sie im Text eine Fußnote unterbringen, so geben Sie direkt und ohne Zwischenraum hinter dem entsprechenden Wort, wo die Fußnoten-Ziffer erscheinen soll, den Befehl »\footnote{hier den Fußnoten-Text einsetzen}« ein und setzen danach den Text normal fort. Wie die Fußnoten[6] aussehen, können Sie unten auf der Seite nachprüfen[7].

```
Wie die Fußnoten\footnote{hier den Fußnoten-Text einsetzen}
aussehen, können Sie unten auf der Seite nachprüfen.
```

Listing 33: Beispiel für eine Fußnote

7.12 Initialen

A ls Initialen im Textsatz bezeichnet man die hervorgehobenen ersten Buchstaben eines neuen Kapitels oder Absatzes. Die Hervorhebung kann durch Verzierungen, farbliche Gestaltung oder größere Schrift erfolgen. LaTeX bietet auch ein Paket an, mit dem man einfach solche Initialen erzeugen kann. Der erste Buchstabe hier oben links ist eines der Möglichkeiten. Die von mir für dieses Buch gewählte abweichende Version finden Sie bei allen neuen Kapiteln dieses Buches im ersten Absatz.

---

[6]hier den Fußnoten-Text einsetzen
[7]Hier ist noch eine Fußnote

Zur Nutzung dieser Initialen fügen Sie in Ihrer Präambel noch die Zeile »\usepackage{lettrine}« hinzu und beginnen Sie dann einen Absatz, der eine Initiale enthalten soll, so wie in folgendem Beispiel ab Zeile 15, 16, 17 oder 18. Um ein PDF zu erzeugen übersetzen Sie Ihr Dokument mit **XeLaTeX**, zu finden unter »Werkzeuge« im TEXMAKER.

```
1  %%%%%%%%%%%%%%%%%%%%%%%%%%%%%%%%%%%%%%%%%%%%%%%%%%%%%%%%%%%%%%
2  %             Beispiele für Initialen                       %
3  %       Übersetzen mit XeLaTeX (nicht mit PDFLaTeX)         %
4  %%%%%%%%%%%%%%%%%%%%%%%%%%%%%%%%%%%%%%%%%%%%%%%%%%%%%%%%%%%%%%
5  \documentclass[a5paper,12pt,DIV=16,headsepline]{scrbook}
6  % Zusatzpakete nachladen
7  \usepackage[utf8]{inputenc}% Dateikodierung
8  \usepackage[EU1]{fontenc}% Darstellung der Schriften
9  \usepackage[ngerman]{babel}% dtsch. Besonderheiten
10 \usepackage[autostyle,german=guillemets]{csquotes}
11 \usepackage{lmodern}       % Schriftart (libertine)
12 \usepackage{lettrine}% ermöglicht Initialen
13 %
14 \begin{document}% Hier beginnt Ihr Text mit Initialen
15 %
16 \lettrine[lines=1]{H}{}ier beginnt ein Absatz mit einer Initiale.
   Als Wert für \enquote{lines} habe ich zunächst \enquote{1} gewä
   hlt. Aber es gibt weitere Möglichkeiten.
17 \lettrine[lines=2]{U}{}nd hier ein weiteres Beispiel mit einem
   optionalen Wert von \enquote{2} für \enquote{lines}. Diesmal wä
   chst der Buchstabe nicht nach oben aus der Zeile heraus, sondern
   nimmt die Höhe der ersten zwei Zeilen des Absatzes ein.
18 \lettrine[lines=3]{N}{}och eine Variante mit der \enquote{3} als
   Wert für \enquote{lines}. Diesmal geht der Initial-Buchstabe über
   drei Textzeilen.Höher sollte man in der Regel nicht gehen.Sollte
   der große Anfangsbuchstabe zu dicht an den zweiten Buchstaben
   anstoßen, kann man noch eine (erzwungene) Leerstelle einfügen.
19 \lettrine[lines=1]{B}{leibt noch zu klären}, wozu die geschweifte
   zweite Klammer da ist, die ich bisher immer leer gelassen hatte.
   Anders in diesem Absatz. Ich habe die ersten Worte, bis auf den
   ersten Buchstaben, in die zweite geschweifte Klammer gesetzt. Das
   Ergebnis sehen Sie in der ersten Zeile dieses Absatzes...
20 %
21 \end{document}% FERTIG!
```

Listing 34: Verschiedene Varianten von Initialen

Was Sie hier sehen, ist das Ergebnis aus dem Listing 34

Hier beginnt ein Absatz mit einer Initiale. Als Wert für »lines« habe ich zunächst »1« gewählt. Aber es gibt weitere Möglichkeiten.

Und hier ein weiteres Beispiel mit einem optionalen Wert von »2« für »lines«. Diesmal wächst der Buchstabe nicht nach oben aus der Zeile heraus, sondern nimmt die Höhe der ersten zwei Zeilen des Absatzes ein.

Zum Listing 34: Beachten Sie, dass in den Zeilen 15, 16 und 17 die zweite geschweifte Klammer leer geblieben ist. In der Zeile 18 wird in der ersten geschweiften Klammer der erste Buchstabe und in der zweiten geschweiften Klammer der Rest des Wortes oder Satzes untergebracht. Natürlich kann auch in den Zeilen 15, 16 und 17 die zweite geschweifte Klammer genauso genutzt werden.

Noch eine Variante mit der »3« als Wert für »lines«. Diesmal geht der Initial-Buchstabe über drei Textzeilen. Höher sollte man in der Regel nicht gehen. Sollte der große Anfangsbuchstabe zu dicht an den zweiten Buchstaben anstoßen, kann man noch eine (erzwungene) Leerstelle einfügen. Meist reicht dazu der Backslash mit direkt anschließendem Komma als kleiner Zwischenraum.

BLEIBT NOCH ZU KLÄREN, wozu die geschweifte zweite Klammer da ist, die ich bisher immer leer gelassen hatte. Anders in diesem Absatz. Ich habe die ersten vier Worte, bis auf den ersten Buchstaben, in die zweite geschweifte Klammer gesetzt. Das Ergebnis sehen Sie in der ersten Zeile dieses Absatzes. Alles was in die zweite geschweifte Klammer des »\lettrine« Befehls gesetzt wird, erscheint in der Ausgabe in kleinen Großbuchstaben, den sogenannten Kapitälchen.

Verschiedene Boxen haben Sie schon auf Seite 80 kennengelernt. Auch Initialen können Sie in einer Schattenbox unterbringen. Sie müssen dazu das Zusatzpaket »picins« in der Präambel laden und können dann Ihre Absätze mit einer Initiale in einer Schattenbox beginnen, so wie es der Text unter dem kompletten Listing zeigt.

```
\documentclass[paper=A5,fontsize=12pt,BCOR=10mm,DIV=18,twoside=
true,pagesize=auto]{scrbook}
\usepackage{picins}

\begin{document}
\setlength{\parindent}{0mm}% Einrücken erste Zeile unterdrücken
\parpic(3em,3em)[s]{\fontsize{3em}{3em}\selectfont\textbf{E}}{}in
 Absatz kann auch mit einem Buchstaben in einer Schattenbox
beginnen. Mit LaTeX ist das recht einfach. Tippen Sie diese
wenigen Zeilen ab und erzeugen Sie die PDF-Datei. In der Präambel
 ist nur das Paket \enquote{picins} dazu gekommen.
\end{document}
```

Listing 35: Initiale in einer Schattenbox

in Absatz kann auch mit einem Buchstaben in einer Schattenbox beginnen. Mit LaTeX ist das recht einfach. Tippen Sie diese wenigen Zeilen ab und erzeugen Sie die PDF-Datei. In der Präambel ist nur das Paket »picins« dazu gekommen.

Anstelle der Buchstaben als Initialen kann man auch kleine Bilder an den Absatzbeginn einbauen. Dazu wird in der Präambel ebenfalls das Paket »picins« benötigt und es muss ein passendes Bild vorhanden sein. Das »picins«-Paket ist zwar aus den 90er Jahren und von der Technischen Hochschule Darmstadt erstellt, aber man kann es bei Bedarf auch heute noch nutzen. Suchen Sie zum Herunterladen nach »latex + picins« und speichern Sie die »picins.sty«-Datei in Ihrem Ordner, wo Sie Ihr Buch erstellen. Hier ein Beispiel mit einem kleinen Bild am Absatzbeginn:

ieser Absatz beginnt mit einem grafisch gestalteten Buchstaben. Es kann aber auch ein anderes Bild eingefügt werden. Das gleiche Bild habe ich dann einmal in der Höhe und einmal in der Breite gestreckt. Die Grafiken findet man auf openclipart.org [6].

```
\parpic{\includegraphics[width=17mm]{Grafik-D}}{}ieser Absatz
beginnt mit einem grafisch gestalteten Buchstaben. Es kann aber
auch ein anderes Bild eingefügt werden. Das gleiche Bild habe ich
dann einmal in der Höhe und einmal in der Breite gestreckt.
```

Listing 36: Das »D« als Grafik-Initiale

Hier sehen Sie das gleiche Bildchen, aber in der Höhe gestreckt.

Die Größe des Bildes, wird in der eckigen Klammer mit »width=(Breite)« angegeben. Die Höhe wird dann automatisch berechnet, um das Bild nicht zu verzerren. Sie können auch die Höhe mit »height=(Höhe)« angeben, die Breite wird dann automatisch berechnet. Geben Sie beide Werte mit Komma getrennt an, so wird das Bild verzerrt, falls diese Werte nicht proportional zu den Originalbildabmessungen sind. Am Rand habe ich das Bild verzerrt, da ich die Breite und die Höhe vorgegeben habe, aber die Vorgabewerte nicht proportional zu den Originalmaßen sind. Lassen Sie das Feld mit der eckigen Klammer leer, so wird das Bild in Originalgröße ausgegeben, was bei einem Absatzbildchen eventuell etwas zu groß sein kann. Hier unten habe ich das Bild mal in die Breite gezogen, während ich die Originalhöhe belassen habe.

```
% Das hohe Bild am Seitenrand
\includegraphics[width=25mm,height=50mm]{Grafik-D}
% Das breite Bild hier oben
\includegraphics[width=95mm,height=30mm]{Grafik-D}
```

Listing 37: Verzerrte Bilder

Die Originalabmessungen des Bildes mit dem »D« (Datei »Grafik-D.pdf«) sind 30 x 30 Millimeter. Da es sich um eine Vektorgrafik und keine Pixelgrafik handelt, bleibt das Bild bei jeder Größe immer gleich scharf.

Und jetzt kommt etwas mehr Farbe ins Spiel. Mit dem Befehl »\color« können Sie einzelne Buchstaben, Worte oder auch ganze Absätze einfärben.

```
\lettrine[lines=4]{\color{purple}S}{}chön können auch farbige
Initialen aussehen, wenn man die richtige Farbe zum Text findet.
Mit \enquote{lines=4} geben Sie wieder die Höhe der Initiale an
und hinter \enquote{color} folgt die Angabe der Farbe. Das Paket
{\color{purple}xcolor} muss in der Präambel geladen sein.
```

Listing 38: Farbige Initiale – Farbiger Text

S chön können auch farbige Initialen aussehen, wenn man die richtige Farbe zum Text findet. Mit »lines=4« geben Sie wieder die Höhe der Initiale an und hinter »color« folgt die Angabe der Farbe. Das Paket xcolor muss in der Präambel geladen sein.

Im Beispiel habe ich die Farbe »purple« verwendet. Einige weitere Grundfarben[8] sind:

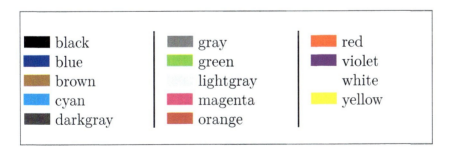

- black
- blue
- brown
- cyan
- darkgray
- gray
- green
- lightgray
- magenta
- orange
- red
- violet
- white
- yellow

---

[8]Weitere Farben sind mit der Option »dvipsnames« des Paketes »xcolor« möglich (\documentclass[xcolor=dvipsnames, ...]{scrbook}).

7.13 Marginalien

Einige **Symbole** finden Sie auf Seite 98.

Marginalien sind Anmerkungen oder Symbole auf dem Rand einer Buchseite. Sie können auf wichtige Passagen hinweisen oder eine kurze Erläuterung enthalten. Der Begriff stammt vom lateinischen »margo« ab und bedeutet soviel wie Grenze oder Rand.

In diesem Buch habe ich auf den meisten Textseiten einen extra breiten Außenrand benutzt, um auch Text am Rand unterzubringen. Für kleine Symbole oder eine senkrechte Linie, um Aufmerksamkeit zu erregen, hätte auch der normale Buchrand gereicht.

In LaTeX lassen sich Marginalien (wie der Strich hier am Seitenrand) ganz einfach setzen. Fügen Sie im Text an der gewünschten Stelle den Befehl »marginpar« wie im folgenden Listing gezeigt ein.

```
\marginpar{\rule[0mm]{1mm}{13mm}}
% [Versatz]{Breite}{Länge}
```

Listing 39: Senkrechter Strich am Seitenrand

Mit dem Befehl »marginpar« wird Text oder ein Symbol auf dem Seitenrand platziert. Der Befehl »rule« gibt einen senkrechten Strich aus, dessen Lage, Breite und Länge mit den auf den Befehl folgenden Parametern festgelegt wird.

Der erste Parameter [0mm] gibt die senkrechte Verschiebung des Striches an, falls dieser nicht auf der richtigen Stelle beginnt. Bei dem angegebenen Wert von 0 mm sitzt die Oberkante des Striches in der Zeile, wo der Befehl »marginpar« im Text eingefügt wurde. Die Verschiebung kann auch nach unten erfolgen, indem man einen negativen Wert (zum Beispiel [-15mm]) eingibt. Der zweite Parameter gibt die Breite und der dritte Parameter die Länge des Striches an. Die letzten beiden Parameter sind in geschweifte Klammern eingeschlossen, während der erste Parameter (die Verschiebung) in eckigen Klammern angegeben wird. Text am Seitenrand sollten Sie nur ausgeben, wenn genügend Platz vorhanden ist. Hier ein Beispiel:

Dieser Text soll am Rand erscheinen.

```
\marginpar{Dieser Text soll am Rand erscheinen.}
```

Listing 40: Text am Seitenrand

Sollte es sich dabei um richtungsabhängige Symbole (zum Beispiel Pfeile) handeln, so kann man diese so einsetzen, dass zum Beispiel der Pfeil immer nach innen zum Buchtext zeigt, egal ob die Marginale auf der linken oder rechten Buchseite sitzt. Das erledigt LaTeX automatisch, auch wenn sich die Seite zum Beispiel durch Änderungen oder Einfügungen verschiebt und statt rechts plötzlich links sitzt. Sie geben einfach an, welches Symbol auf einer linken und welches auf einer rechten Seite erscheinen soll. Auf einer linken (geraden) Seite muss der Pfeil nach rechts und auf einer rechten (ungeraden) Seite nach links zeigen. **Achtung:** Das Symbol für die linke Seite geben Sie in [eckigen Klammern] und das Symbol für die rechte Seite in {geschweiften Klammern} ein. Den Befehl für die Marginale geben Sie in der Zeile ein, wo am Rand die Marginale erscheinen soll.

```
1  Oftmals werden in langen Textstellen wichtige Dinge
2  überlesen und nicht beachtet. Mit einer Marginale können
3  Sie dafür sorgen, dass der Leser einen zusätzlichen
4  Hinweis\marginpar[$\Rightarrow$]{$\Leftarrow$} am
5  Seitenrand erhält und die Textstelle nicht übersieht.
```

[Linke Seite] $\Rightarrow$

{Rechte Seite} $\Leftarrow$

Listing 41: Marginale am Seitenrand

Normalerweise erscheint nur der jeweils zutreffende Pfeil oder Ihr gewähltes Symbol auf der Seite, abhängig davon, ob es sich um eine linke oder eine rechte Seite handelt. Die Entscheidung fällt automatisch aus der Auswahl in Zeile 4 des Listings 41. Ich habe hier aber die Anzeige beider Pfeile manuell erzwungen.

Hier unten sieht man die Ausgabe auf einer linken (geraden) Seite aus obigem Listing 41. Der Pfeil zeigt nach rechts, da LaTeX den Befehl aus den [eckigen Klammern] wählt.

$\Rightarrow$ | Oftmals werden in langen Textstellen wichtige Dinge überlesen und nicht beachtet. Mit einer Marginale können Sie dafür sorgen, dass der Leser einen zusätzlichen Hinweis am Seitenrand erhält und die Textstelle nicht übersieht.

Gerät dieser obige Textabschnitt durch Änderungen im Dokument auf eine rechte (ungerade) Seite, so wählt LaTeX den Befehl aus den {geschweiften Klammern}, wo der Pfeil nach links zeigt.

Zur genauen Positionierung der Randbemerkungen oder Symbole können Sie noch die Befehle

Wieder gilt, dass diese Angaben nicht nur hier gelten, sondern im gesamten folgenden Dokumententeil, wenn Sie die Angaben nicht später ändern.

```
\setlength{\marginparwidth}{Breite}
\setlength{\marginparsep}{Abstand}
```

verwenden. Breite gibt die Breite der Randbox und Abstand den Abstand der Randbox vom Text an. Dabei ist die Randbox nicht sichtbar, aber ein Platzhalter für die Randbemerkung oder das Randsymbol. Die Breite der Randbemerkung »marginparwidth« kann aber nicht breiter werden, als der Platz am Seitenrand neben dem Textblock.

Bei Symbolen ohne Richtungsbezug reicht die Angabe eines Symbols, da es auf beiden Seiten gleich aussieht. Anders als zum Beispiel ein Pfeil-Symbol. Das Symbol erscheint immer an der Textaußenseite, wenn als Dokumentenklasse das Buch (»scrbook«) gewählt wurde. Im folgenden Beispiel habe ich ein Symbol aus dem Paket »pifont« genutzt. Dazu muss dieses Paket in der Präambel geladen werden. Ergänzen Sie dazu einfach eine Zeile mit »\usepackage{pifont}« in Ihrer Präambel. Hier ein Beispiel mit dem Herz-Symbol (Symbol 164 in den Zapf Dingbats Symbolen).

Bei Symbolen ohne Richtungsbezug reicht die Angabe eines Symbols beziehungsweise eines Textes, wie dieses Beispiel zeigt. ❤

```
Bei Symbolen ohne Richtungsbezug reicht die Angabe eines
Symbols\marginpar{\ding{164}} beziehungsweise eines
Textes, wie dieses Beispiel zeigt.
```

Listing 42: Symbol als Marginale

Ist Ihnen das Symbol zu klein, können Sie es wie die Schriftgröße auch stark vergrößert darstellen. ❤

```
Ist Ihnen das Symbol zu klein, können Sie es wie die
Schriftgröße \marginpar{\Huge\ding{164}}auch stark
vergrößert darstellen.
```

Listing 43: Großes Symbol als Marginale

Hier oben sehen Sie das Ergebnis aus Listing 43 mit dem stark vergrößerten Symbol. Die Vergrößerung erfolgte hier mit einem einfachen, Ihnen schon bekannten Schriftgrößenbefehl. Wegen der eingeschränkten Anzahl von Schriftgrößen können Sie solche Symbole aber auch mit einem anderen Befehl fast beliebig skalieren. Dazu folgt nach der Liste der Symbole noch ein Beispiel.

Die Zapf-Dingbats-Symbole findet man im Internet auf `https://en.wikipedia.org/wiki/Zapf_Dingbats`

In der folgenden Tabelle habe ich eine kleine Auswahl der Symbole aus dem Zapf Dingbats Satz mit der zugehörigen Ding-Nummer abgebildet.

Zapf Dingbats	Symbol	Zapf Dingbats	Symbol
Nr. 36	✂	Nr. 111	❑
Nr. 37	☎	Nr. 115	▲
Nr. 40	✈	Nr. 116	▼
Nr. 41	✉	Nr. 164	♥
Nr. 43	☞	Nr. 168	♣
Nr. 45	✍	Nr. 172	①
Nr. 52	✔	Nr. 182	❶
Nr. 56	✗	Nr. 212	→
Nr. 72	★	Nr. 249	✔

Tabelle 3: Eine Auswahl von Zapf Dingbats Symbolen. Diese erfordern das Paket »pifont«, nachzuladen in der Präambel

Die Symbole lassen sich auch vergrößert darstellen.

```
\scalebox{16}{\ding{37}}\scalebox{11}{\ding{37}}\scalebox{6}{\
ding{37}}\scalebox{4}{\ding{37}}\\
\scalebox{5}{\ding{182}}\scalebox{4}{\ding{183}}\scalebox{3}{\
ding{184}}\scalebox{2}{\ding{185}}\scalebox{3}{\ding{186}}\
scalebox{4}{\ding{187}}
```

Listing 44: Skalierte Symbole

7.14 Eine einfache Tabelle

Obwohl Buchautoren wohl nur selten eine Tabelle erstellen, wenn es sich nicht um eine Fachbuch oder eine wissenschaftliche Arbeit handelt, zeige ich Ihnen hier, wie man eine ganz einfache Tabelle ohne Rahmen und Spaltentrenner erstellt. Mit den Werten für die Abstände (»hspace«) können sie etwas spielen, bis die Tabelle gut aussieht.

In Zeile 3 setzen Sie Tabulatoren mit dem Befehl »\=« und mit »\>« in den Zeilen 5 – 8 springen Sie diese Stellen an.

```
1  \begin{table}
2  \begin{tabbing}
3  Nr. \hspace{1mm} \= Titel \hspace{7.5cm} \= Preis\\
4  \rule{\textwidth}{1pt}\\% Trennlinie
5  1 \> und eines Tages kam der GIST \> 27,90 \euro\\
6  2 \> Die blaue Bank \> 16,90 \euro\\
7  3 \> GIST - Ein Tumor verliert seinen Schrecken \> 24,90 \euro\\
8  4 \> GIST, Gene und Mutationen \> 28,90 \euro\\
9  5 \> LaTeX Band 1 \> 19,90 \euro\\
10 6 \> LaTeX Band 2 \> 26,90 \euro\\
11 7 \> Blaue Hoffnung für GIST Patienten SW \> 16,90 \euro\\
12 8 \> Blaue Hoffnung für GIST Patienten Farbe \> 25,90 \euro\\
13 \end{tabbing}
14 \end{table}
```

Listing 45: Einfache dreispaltige Tabelle

Nr.	Titel	Preis
1	... und eines Tages kam der GIST	27,90 €
2	Die blaue Bank	16,90 €
3	GIST - Ein Tumor verliert seinen Schrecken	24,90 €
4	GIST, Gene und Mutationen	28,90 €
5	LaTeX Band 1	19,90 €
6	LaTeX Band 2	26,90 €
7	Blaue Hoffnung für GIST Patienten SW	16,90 €
8	Blaue Hoffnung für GIST Patienten Farbe	25,90 €

Tabelle 4: Meine bisher veröffentlichten Bücher

```
 1 \begin{table}[h!]\index{Steuerzeichen}
 2 \begin{adjustwidth}{-8mm}{8mm}% Außenrand, Innenrand
 3 \begin{sideways}% Tabelle im QUERFORMAT
 4 \begin{tabular}[t]{|p{5cm}||p{6cm}|p{4.0cm}|}\hline
 5 \textbf{Funktion} & \textbf{Eingabe} & \textbf{Ausgabe}\\\hline\
   hline
 6 Fettschrift & \textbackslash textbf\{ein Text\} & \textbf{ein
   Text}\\\hline
 7 Kursivschrift & \textbackslash textit\{ein Text\} & \textit{ein
   Text}\\\hline
 8 Farbige Schrift & \{\textbackslash{}color\{red\}Text in Farbe\} &
   {\color{red}Text in Farbe}\\\hline
 9 Kleiner Abstand zwischen Wert und Einheit & \textbackslash{}, \
   quad(Backslash und Komma) & 120\,kg oder 15\,\euro\\\hline
10 Etwas größerer Abstand zwischen Ab und Stand & \textbackslash{}:
   \quad(Backslash und Doppelpunkt) & Ab\:{}Stand\\\hline
11 Fester Zwischenraum & Eins \textbackslash{}quad Zwei \
   textbackslash{}qquad Drei & Eins \quad Zwei \qquad Drei\\\hline
12 Variabler Zwischenraum & Text \textbackslash{}hspace\{10mm\}
   abstand & Text \hspace{10mm} abstand\index{Zwischenraum!variabel
   }\\\hline
13 Sehr großer Zwischenraum & 1 \textbackslash{}hfill 2 & 1 \hfill
   2\index{Zwischenraum!erzwungen}\\\hline
14 Euro-Symbol & \textbackslash{}usepackage\{eurosym\} \
   textbackslash{}euro & \euro\index{Eurosymbol}\\\hline
15 Copyright Symbol & \textbackslash{}copyright & \copyright\index{
   Symbol!Copyright}\index{Copyright Symbol}\\\hline
16 Registered Symbol & \textbackslash{}textregistered & \
   textregistered\index{Symbol!Registered}\index{Registered Symbol
   }\\\hline
17 \textbackslash{} im Text & \textbackslash textbackslash & \
   textbackslash\index{Backslash \textbackslash{} im Text}\\\hline
18 \{ oder \} im Text & \textbackslash\{ oder \textbackslash\} &
19 \{ oder \} im Text\\\hline
20 Tilde & \textbackslash textasciitilde & \textasciitilde\index{
   Tilde im Text}\\\hline
21 Bindestrich & - & -\\\hline
22 Bis-Strich & -\,- & --\\\hline
23 Gedankenstrich & -\,-\,- & ---\\\hline
24 Zeile mit Punkten auffüllen & Text \textbackslash{}dotfill & Text
   \dotfill\\\hline
25 Kreuz für Todestag / -jahr & \textbackslash{}dag 13.07.1648 & \
   dag \, 13.07.1648\\\hline
26 \end{tabular}
27 \end{sideways}
28 \end{adjustwidth}
29 \caption[Eine Tabelle mit Sonderzeichen im Querformat]{Eine
   Tabelle mit Sonderzeichen im Querformat} \index{Sonderzeichen|
   textbf} \index{Tabelle!Querformat|textbf}
30 \label{tabelle-quer}
31 \end{table}
```

Funktion	Eingabe	Ausgabe
Fettschrift	\textbf{ein Text}	**ein Text**
Kursivschrift	\textit{ein Text}	*ein Text*
Farbige Schrift	{\color{red}Text in Farbe}	Text in Farbe
Kleiner Abstand zwischen Wert und Einheit	\, (Backslash und Komma)	120 kg oder 15 €
Etwas größerer Abstand zwischen Ab und Stand	\: (Backslash und Doppelpunkt)	Ab Stand
Fester Zwischenraum	Eins \quad Zwei \qquad Drei	Eins Zwei Drei
Variabler Zwischenraum	Text \hspace{10mm} abstand	Text abstand
Sehr großer Zwischenraum	1 \hfill 2	1 2
Euro-Symbol	\usepackage{eurosym} \euro	€
Copyright Symbol	\copyright	©
Registered Symbol	\textregistered	®
\ im Text	\textbackslash	\
{ oder } im Text	\{ oder \}	{ oder } im Text
Tilde	\textasciitilde	~
Bindestrich	-	-
Bis-Strich	- -	–
Gedankenstrich	- - -	—
Zeile mit Punkten auffüllen	Text \dotfill	Text ....
Kreuz für Todestag / -jahr	\dag 13.07.1648	† 13.07.1648

Tabelle 5: Eine Tabelle mit Sonderzeichen im Querformat, Listing auf der Vorseite.

7.15 Listen – Aufzählungen

Aufzählungen, auch Spiegelstrichlisten genannt, lassen sich in verschiedener Weise darstellen. Der Standard sind dabei Listen mit einem Punkt vor den Aufzählungen. Hier ein Beispiel der letzten vier Fußball-Weltmeister.

```
\usepackage{enumitem}        % in der Präambel laden

\begin{itemize}              % Beginn Aufzählung
\item{2018 Frankreich}
\item{2014 Deutschland}
\item{2010 Spanien}
\item{2006 Italien}
\end{itemize}                % Ende Aufzählung
```

Listing 46: Eine einfache Aufzählung

- 2018 Frankreich
- 2014 Deutschland
- 2010 Spanien
- 2006 Italien

Wenn Ihnen der Abstand zwischen den Aufzählungen nicht gefällt, können Sie diesen mit dem Befehl »\setlength{\itemsep}{-5mm}« zum Beispiel um fünf Millimeter verringern oder mit einem positiven Wert auch vergrößern. Sie können die Zeile mit dem Befehl entweder vor den Beginn der Aufzählung setzen, oder aber an den Anfang, direkt nach der Zeile \begin{document} einfügen, wenn die Änderung sinnvollerweise für alle Listen wirksam sein soll. Voraussetzung für die Nutzung dieser Möglichkeit ist das Laden des Paketes »enumitem« in der Präambel.

*Laden des Paketes »**enumitem**« nicht vergessen.*

7.16 Bilder und Grafiken einfügen

Wundern Sie sich nicht, wenn LaTeX die von Ihnen eingefügten
Bilder nicht immer dort anzeigt, wo Sie sie im Editor eingesetzt
haben. LaTeX versucht, Bilder optimal im Dokument zu ver-
teilen und ordnet sie je nach Platz gerne oben auf der Seite an.
Die Positionierung der Bilder lässt sich aber beeinflussen, wie
Sie noch erfahren werden. Allerdings bleibt es dabei immer bei
einem Wunsch, der erfüllt werden kann, aber von LaTeX nicht
unbedingt beachtet wird, wenn aus Sicht von LaTeX irgend
etwas gegen die Erfüllung des Wunsches spricht.

Bilder werden mit dem schon bekannten Befehl

\includegraphics[opt. Parameter]{datei}

eingebunden. Dabei muss der Dateityp und der Bilderordner
nicht angegeben werden, wenn die Bilder im gleichen Pfad wie
Ihr Dokument liegen oder Sie den Pfad zu den Bildern angegeben oder eingestellt haben. Der optimale Parameter in den
eckigen Klammern muss nicht angegeben werden, wenn das
Bild in der Größe vorliegt, in der es auch eingebunden werden
soll. Ansonsten kann man über den Parameter unter anderem
Breite und Höhe verändern. Ändert man nur einen Wert, wird
der andere proportional dazu verändert. Ändert man beide
Werte, kann man das Bild damit auch verzerren. Ich habe das
schon bei den Grafik-Initialen auf Seite 92 erklärt. Das folgende Bild habe ich in verschiedenen Formaten abgespeichert und
jeweils im Bild den Dateityp angegeben. Ohne Angabe des Da-
teityps hat LaTeX das PDF-Format in dieses Dokument eingefügt, wie man in der Ecke des Bildes links unten erkennen
kann.

Gibt man in der eckigen Klammer zum Beispiel »width=5.5cm«
an, so wird das Bild in dieser
Breite dargestellt. Die Höhe wird
automatisch ange-passt. Achten Sie
auf den **Punkt** statt eines Kom-
mas zwischen den beiden Fünfen!

Abmessungen habe ich bei der Einbindung des folgenden Bildes nicht angeben müssen, da das Bild in Originalgröße auf die Seite passt. Der Aufruf des Bildes ist daher ganz einfach:

```
\includegraphics{Demo-Blumen}
```

Listing 47: Einbindung eines Bildes

Abb. 7: Einbindung eines Bildes

Da ich dem Bild aber noch einen Titel (Einbindung eines Bildes) geben und auch eine Sprungmarke hinzufügen wollte, habe ich das Bild in eine »figure«-Umgebung eingepackt und den Befehl [h!] hinzugefügt, der LaTeX dazu bewegen soll, das Bild genau hier (daher das »h«) einzufügen. Das Ausrufezeichen sollte meinen Wunsch noch verstärken. Wie man sieht, hat es geklappt.

Mit der Angabe einer Sprungmarke (ein Label) habe ich erreicht, dass ich irgendwo im Text einen Bezug auf das Bild nehmen kann. Ich kann auf die Abbildung verweisen (siehe Abbildung 7) oder auch auf die Seite der Abbildung (siehe Seite 104. Mehr dazu unter Querverweise / Sprungmarken auf

Seite 116. Und so sieht meine wirkliche Einfügung des Bildes aus:

```
1  \begin {figure}[h!]% Wenn möglich unbedingt hier!
2    \includegraphics[]{Demo-Blumen}% Bild-Datei
3    \caption{Einbindung eines Bildes}% Bild-Unterschrift
4  \end{figure}
```

Listing 48: Einbindung eines Bildes mit Positionswunsch

In Zeile 1 beginnt eine Figurenumgebung, der ich mit dem optionalen Parameter [h!] noch mitteile, dass sie möglichst genau hier beginnen soll. In Zeile 2 wird dann die Bilddatei aufgerufen und mit der Zeile 3 in obigem Listing wird die Bildunterschrift erzeugt. Diese Zeile kann auch weggelassen werden, wenn man keine Bildunterschrift wünscht. Zeile 4 beendet dann die Figurenumgebung.

Während LaTeX Bilder im EPS-Format benötigt, kann PDFLatex (das wir zum Übersetzen in eine PDF-Datei benutzen) die Formate PNG, JPEG und PDF verarbeiten. Zu bevorzugen sind Vektorbilder, da diese bei Vergrößerungen ihre Schärfe behalten. Bei Pixelbildern, wie zum Beispiel Fotos oder Screenshots (Bildschirmbilder), kann es vor allem bei vergrößerter Darstellung im Ausdruck zu unscharfen Bildern kommen.

Professionelle Vektorgrafiken kann man mit der kostenlosen und quelloffenen Software »INKSCAPE« erstellen. Einige der vielen Ausgabeformate sind PNG, EPS und PDF.

Eine andere Art von Bildern sind Grafiken, die aus Linien und geometrischen Figuren bestehen. Eine besondere Rolle spielen dabei die sogenannten Bezierkurven. Das sind Freiformkurven, die durch bestimmte Punkte festgelegt werden. Mit wenigen Zeilen Text lassen sich die tollsten Grafiken zaubern, ohne dass Sie ein Zeichenprogramm benutzen müssen. Ein recht einfaches Beispiel ergibt sich mit folgender Texteingabe:

```
1  \setlength{\unitlength}{1mm}
2  \begin{picture}(110,65)(0,0)% (breite,höhe)(x-,y-offset)
3  \thicklines
4  \put(15,35){\circle{14}}% Mit put kann man malen, Punkte
5  \put(25,35){\circle{14}}% ... Linien, Bögen, Kreise usw.
6  \put(8,45){\circle{14}}
7  \put(20,45){\circle*{5}}% circle mit Stern = gefüllter Kreis
8  \put(32,45){\circle{14}}% circle ohne Stern = Kreis
9  \put(15,55){\circle{14}}
10 \put(25,55){\circle{14}}
11 \qbezier(50,60)(80,10)(110,60)% der geschwungene Bogen
12 \multiput(25,10)(9,7){4}{\circle{12}}% 4 Kreise, x+9,y+7
13 \end{picture}
```

Listing 49: Kreise und eine Bezierkurve

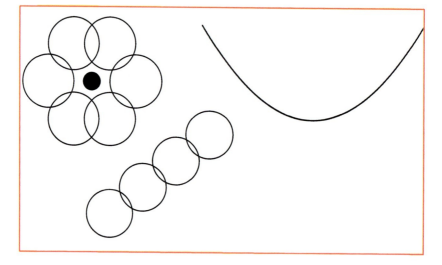

Mit dem Befehl »picture« wird quasi eine Leinwand mit den Abmessungen 110 x 65 mm angelegt, auf der die folgenden Malbefehle »put, multiput, circle« und »qbezier« ausgeführt werden. Den roten Rahmen habe ich nur zur Veranschaulichung der Leinwand eingefügt, er wird mit Listing 49 nicht gezeichnet. Die linke untere Ecke der gedachten Leinwand ist der Bezugspunkt, von dem die x/y-Angaben berechnet werden. Die ersten beiden Klammerwerte der Zeichenbefehle geben dabei die x/y-Position des Startpunktes einer Linie beziehungsweise den Mittelpunkt eines Kreises an.

Der »multiput«-Befehl erzeugt ab der Startposition (hier x=25, y=10) jeweils im Abstand von 9 mm in x-Richtung (nach rechts) und 7 mm in y-Richtung (nach oben) 4 mal hintereinander einen Kreis mit einem Durchmesser von 12 mm.

Wer den roten Rahmen zeichnen möchte, muss das Listing 49 vor der Zeile »\end{picture}« um die folgenden vier Zeilen ergänzen. Das funktioniert aber nur innerhalb einer »picture«-Umgebung, wie im Beispiel.

Extra Tipp: Der rote Rahmen

```
\put(0,0){\color{red}\line(0,1){65}}% senkrecht, links
\put(0,0){\color{red}\line(1,0){110}}% waagerecht, unten
\put(110,0){\color{red}\line(0,1){65}}% senkrecht, rechts
\put(0,65){\color{red}\line(1,0){110}}% waagerecht, oben
```

Listing 50: Roter Rahmen um Grafik

Hinweis: Die picture-Umgebung akzeptiert nur Kreise (circle) bis max. 14 mm Durchmesser und auch darunter sind nicht alle Werte möglich[13]. Es gibt andere Möglichkeiten, um beliebige, auch größere Kreise, zu zeichnen.

7.17 Index- und Literaturverzeichnis

Auch wenn Sie für einen Roman oder andere Werke der Belletristik[9] weder Index- noch Literaturverzeichnis benötigen, möchte ich die Erstellung kurz erläutern, falls es irgendwann doch mal um ein anderes Werk geht, wo solche Verzeichnisse gewünscht werden. Ein Inhaltsverzeichnis wird von LaTeX automatisch erstellt. Mit einer Zeile kann man bestimmen, ob dieses angezeigt wird, oder nicht.

---

[9]frz. Belles Lettres, deutsche Bedeutung etwa »schöne Literatur«

```
\tableofcontents % Listet alle Überschriften auf
```

Listing 51: Anzeige des Inhaltsverzeichnisses

Anders verhält es sich mit Index- und Literaturverzeichnissen. Für diese Verzeichnisse ist von Seiten des Autors etwas Zusatzarbeit erforderlich.

7.17.1 Indexverzeichnis

Soll eine Seitennummer im Index fett erscheinen, muss der Index-Befehl mit dem Zusatz »|textbf« ergänzt werden.

Damit LaTeX weiß, welche Begriffe in das Indexverzeichnis übernommen werden sollen, müssen diese im Dokument markiert werden, indem man dahinter den Befehl »\index{Begriff}« setzt, wobei an Stelle des Wortes »Begriff« das Wort gesetzt wird, das in den Index aufgenommen werden soll. Hier ein Beispiel:

```
Dieser Satz\index{Satz|textbf} enthält sehr viele wichtige Worte\
index{Worte}, die in den Index aufgenommen werden soll. Diese
Worte werden dann im Index mit der Seitennummer\index{
Seitennummer} aufgeführt, auf der diese Worte stehen.
```

Im Indexverzeichnis tauchen dann die Worte »Satz, Worte« und »Seitennummer« auf, wobei die Seitenzahl bei »Satz« fett gedruckt wird.

Dort, wo das Indexverzeichnis ausgegeben werden soll, gehören die folgenden Zeilen aus Listing 52 hin:

```
1  \newpage% neue Seite
2  \renewcommand{\indexname}{Stichwortverzeichnis}% Index umbenennen
3  % Stichwortverzeichnis soll im Inhaltsverzeichnis auftauchen
4  \addcontentsline{toc}{chapter}{Stichwortverzeichnis}%
5  \printindex% Stichwortverzeichnis anzeigen
```

Listing 52: Ausgabe des Stichwortverzeichnisses.

Haben Sie alle gewünschten Worte mit dem »\index-Befehl« versehen, gehen Sie wie folgt vor, damit alle Index-Begriffe in das Verzeichnis übernommen werden:

- Ihr Dokument müssen Sie zunächst Übersetzen, indem Sie im TeXMAKER-Menü »Werkzeuge« und dann »PDFLaTeX« wählen. Alternativ drücken Sie die Funktionstaste »F6«. Haben Sie besondere Pakete zugeladen und es kommt zu einer Fehlermeldung beim Übersetzen, kann es sein, dass Sie Ihr Dokument mit »XeLaTeX« im Werkzeugmenü von TeXMAKER übersetzen müssen. Es schadet nicht, wenn Sie in TeXMAKER in der Konfiguration unter »Schnelles Übersetzen« generell »XeLaTeX und PDF anzeigen« einstellen, so wie in der Abbildung 13 auf Seite 158 gezeigt.

- Dann müssen Sie die Indexbegriffe »einsammeln«, indem Sie im TeXMAKER-Menü »Werkzeuge« und dann »MakeIndex« wählen. Alternativ können Sie die Funktionstaste **F12** drücken.

- Jetzt müssen Sie Ihr Dokument nochmal Übersetzen (»F6«), damit die Indexdatei in die Ausgabedatei (PDF) übernommen wird.

Empfehlung: Statt Ihre Dokumente mit PDFLaTeX zu übersetzen, was meistens ausreicht, können Sie auch XeLaTeX zum Übersetzen nutzen. Es ist das modernere Übersetzungsprogramm.

Klicken Sie zum Übersetzen dann immer auf den Pfeil links von **Schnelles Übersetzen** statt auf die Funktionstaste F6.

Wie ein Indexverzeichnis aussehen kann, sehen Sie am Buchende. Ich habe das Verzeichnis in »Stichwortverzeichnis« umbenannt (siehe Zeile 2 und 4 im Listing 52).

7.17.2 Literaturverzeichnis

Auch ein Literaturverzeichnis, das ich hier am Buchende als »Quellenverzeichnis« untergebracht habe, kann LaTeX nicht automatisch erstellen. Wieder ist einige Arbeit vom Autor zu erledigen. Zunächst müssen Sie eine Datei mit der Endung ».bib« erstellen, so wie nachfolgend beispielhaft mit drei Einträgen dargestellt.

```
@Book{voss-PSTricks,
    author    = {Herbert Voß},
    title     = {PSTricks},
    subtitle  = {Grafik mit PostScript für TeX und LaTeX},
    publisher = {lehmanns media},
    year      = 2016,
    edition   = {7. Auf\/lage, 2016},
    ISBN      = {978-3-86541-858-6},
}
@Book{kohm-Script,
    author    = {Markus Kohm},
    title     = {KOMA-Script},
    publisher = {lehmanns media},
    year      = 2018,
    edition   = {6. Auf\/lage, 2018},
    ISBN      = {978-3-86541-951-4},
}
@Online{kohm-Titel,
    author    = {Markus Kohm},
    title     = {Installation des Paketes Titelseiten},
    URL       = {https://komascript.de/node/1213},
    urldate   = {2018-07-21},
}
```

Vergessen Sie nicht das Komma am Ende der Zeilen.

Im Beispiel habe ich zwei Bücher und eine Internetseite gewählt. Die Angaben zu den einzelnen Positionen erfolgen in geschweiften Klammern. Eine Ausnahme macht die Angabe zu »year«, dem Erscheinungsjahr. Diese Jahreszahl wird ohne Klammernpaar eingetragen. Das »urldate« ist der Tag, an dem ich die Webseite zuletzt besucht habe. Wichtig für die Nutzung im Buchtext ist die Angabe hinter der ersten öffnenden Klammer, vor dem ersten Komma. Mit den Angaben »voss-PSTricks, kohm-Script« und »kohm-Titel« und dem vorangestellten Befehl »\cite« arbeiten Sie im Buchtext, indem Sie diese Angaben dort eintragen, wo ein Literatur Hinweis er-

folgen soll. Der englische Ausdruck »cite« steht für »zitieren«.
Hier wieder ein Beispiel:

```
Als Buchautor werden Sie die KOMA-Klasse scrbook \cite{kohm-
Script} wählen, mit der auch dieses Buch erstellt wurde.
```
Ihre Texteingabe

Listing 53: Beispiel für einen Literaturhinweis

Als Buchautor werden Sie die KOMA-Klasse scrbook [4] wählen, mit der auch dieses Buch erstellt wurde.

Der Text im
Ausdruck

Sie haben die Zahlen in den eckigen Klammern in diesem Buch
sicher schon gesehen. Sie verweisen dann auf den Eintrag im
Literaturverzeichnis, der hier hinten im Buch so aussieht:

[5]   Markus Kohm. *Installation des Paketes Titelseiten*. URL:
      https : / / komascript . de / node / 1213 (besucht am
      21. 07. 2018).

[6]   Markus Kohm. *KOMA-Script*. 6. Auflage, 2018. lehmanns
      media, 2018. ISBN: 978-3-86541-951-4.

[7]   Elke und Michael Niedermair. *LaTeX Das Praxisbuch. Stu-
      dienausgabe mit DVD9*. 3. Auflage, 2006. Franzis Verlag,
      2006. ISBN: 978-3-77236-930-8.

Abb. 8: Ausschnitt des Literaturverzeichnisses – Generiert aus
        der vorher zu erstellenden *.bib Datei

Wenn sie genau hinschauen, werden Sie feststellen, dass die
Reihenfolge nicht der in der bib-Datei entspricht. Diese kann
sich auch noch mit jedem neuen Eintrag ändern. LaTeX ordnet aber die Nummern immer automatisch den entsprechenden
Einträgen zu. Sie geben im Editor nicht die Nummer des Lite-
ratureintrages an, sondern die Kennung aus der bib-Datei, die
Sie zwischen der ersten öffnenden Klammer und dem ersten

Komma eingetragen haben. Dieser Eintrag kann beliebig sein, sollte aber die Quelle erkennbar bezeichnen, damit Sie es bei der Eingabe leichter haben.

Jetzt müssen Sie in Ihrem Buch noch festlegen, wo das Literaturverzeichnis erscheinen soll. Dazu geben Sie folgende Zeilen an der gewünschten Stelle ein:

```
1  %=====================================================
2  %   LITERATURVERZEICHNIS / Quellenangaben
3  % Datei xxxxx.bib muss angelegt sein
4  % LaTeX Übersetzungslauf - BibTeX F11 (umgestellt auf Biber)
5  %
6  \newpage
7  \renewcommand{\bibname}{Quellenangaben}% Verz. umbenennen
8  % Literaturverzeichnis soll im Inhaltsverzeichnis auftauchen
9  \addcontentsline{toc}{chapter}{Quellenangaben}%
10 \urlstyle{same}% URLs werden in normaler Schriftart dargestellt
11 % Quellenangaben anzeigen
12 \printbibliography
13 %=====================================================
```

Listing 54: Ausgabe Literaturverzeichnis

Die grünen bzw. grauen Kommentare hinter den Prozentzeichen müssen Sie nicht mit eintippen, obwohl sie sicher mal hilfreich sein können. Alles, was hinter einem Prozentzeichen folgt, wird im Ausdruck nicht erscheinen. Es reicht also, wenn Sie die Zeilen 6, 7, 9, 10 und 12 eingeben.

Wichtiger Hinweis:
In Zeile 7 und Zeile 9 muss der gleiche Name für das Verzeichnis angegeben werden!

7.17.3 Anmerkungen zum Literaturverzeichnis:

- **Zeile 6:** Ausgabe soll auf neuer Seite beginnen
- **Zeile 7:** Ich habe als Titel »Quellenangaben« gewählt. Sie können es auch »Literaturverzeichnis« oder anders nennen.

- **Zeile 9:** Der Titel des Verzeichnisses und die Seitennummer sollen im Inhaltsverzeichnis erscheinen. Wenn nicht, lassen Sie die Zeile weg.

- **Zeile 10:** Internetadressen sollen in gleicher Schrift ausgegeben werden, wie der Standardtext.

- **Zeile 12:** Mit diesem Befehl erfolgt die Anweisung zur Ausgabe des Verzeichnisses.

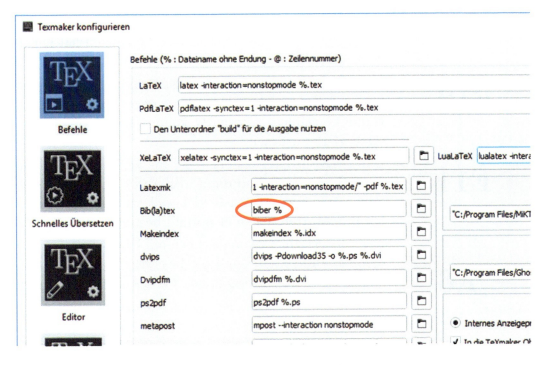

Abb. 9: TeXMAKER Konfiguration biber

Jetzt ist noch eine kleine Änderung in den TeXMAKER-Einstellungen erforderlich. Klicken Sie im TeXMAKER-Menü auf »Optionen« und dann auf »Texmaker konfigurieren«. Ändern sie dann denn Eintrag hinter »Bib(la)tex« ab, indem Sie dort »biber %« eintragen (siehe Abb. 9). Verlassen Sie die Einstellungen mit OK .

Damit das Literaturverzeichnis in der Ausgabedatei erzeugt wird, ist wieder ein mehrfaches Übersetzen erforderlich und zusätzlich muss ein sogenannter Bibliothekslauf durchgeführt werden. Wer ein Literaturverzeichnis nutzt, hat auch meist ein Indexverzeichnis, sodass sich folgender Ablauf anbietet:

F6
- Ihr Dokument müssen Sie zunächst Übersetzen, indem Sie im TeXMAKER-Menü »Werkzeuge« und dann »PDFLaTeX« wählen. Alternativ drücken Sie die Funktionstaste »F6« oder klicken links auf den Pfeil neben Schnelles Übersetzen .

F12
- Dann müssen Sie die Indexbegriffe »einsammeln«, indem Sie im TeXMAKER-Menü »Werkzeuge« und dann »MakeIndex« wählen. Alternativ können Sie die Funktionstaste »F12« drücken.

F11
- Die Literaturdatei erstellen Sie im TeXMAKER-Menü mit »Werkzeuge« und dann »BibTeX«. Alternativ drücken sie die Funktionstaste »F11«. Jetzt wird der »Biber-Lauf« gestartet. Wenn er normal beendet ist ...

F6
- ...müssen Sie Ihr Dokument nochmal Übersetzen (»F6«), damit die Indexdatei und die Literaturdatei in die Ausgabedatei (PDF) übernommen werden. Sie können auch wieder links auf den Pfeil neben Schnelles Übersetzen klicken.

Anschließend können Sie sich Ihre PDF-Datei ansehen. Drücken Sie die Funktionstaste »F7« oder im Menü oben auf den Pfeil links neben PDF ansehen . Die PDF-Datei wird automatisch gefunden. Sie befindet sich im gleichen Ordner, wo Sie auch Ihre tex-Datei angelegt haben.

Auch wenn es sich kompliziert liest, so sind es doch nur vier Tastendrücke, um Ihre PDF-Ausgabedatei inklusive Inhalts-,

Index- und Quellenverzeichnis zu erstellen. Ohne diese Verzeichnisse reicht natürlich ein einziger Übersetzungslauf durch Klick auf »Werkzeuge – XeLaTeX« oder bei reinen Textdokumenten auch ein Druck auf die Funktionstaste **F6**, die PDFLaTeX aufruft.

Falls Sie Verweise verwenden, prüfen Sie, ob diese richtig übernommen wurden. Eventuell haben Sie einen Schreibfehler gemacht, wenn statt der Seitenangabe noch Fragezeichen zu sehen sind. Manchmal hilft es auch, noch einen weiteren Übersetzungslauf zu starten. Prüfen Sie immer, ob die Fragezeichen an Referenzstellen durch Ziffern oder Zahlen ersetzt wurden. Solange das nicht der Fall ist, oder die Referenzangaben nicht stimmen (Abbildungsnummer, Seitennummer) ist ein weiterer Übersetzungslauf (F6) erforderlich. Und vergessen Sie nicht vorher den »MakeIndex«-Lauf!

7.18 Kommentare im Editor – Nicht im Text

Kommentare im Quelltext können manchmal sehr hilfreich sein. Sie können sich Notizen über den Text oder einzufügende Bilder machen. Kommentare, die mit dem Prozentzeichen eingeleitet werden, finden Sie auch in vielen meiner Listings in diesem Buch. Auch zur Fehlersuche können Sie das Kommentarzeichen nutzen, indem Sie bestimmte Passagen, wo der Fehler vermutet wird, vorübergehend auskommentieren.

Wollen Sie ein **Prozentzeichen** im Text verwenden, müssen Sie einen Backslash davor setzen ($\backslash\%$).

```
Hier steht Ihr Text % Ab hier ist es Text, der nicht ausgegeben wird.\\
% Und hier folgt eine ganze Zeile als Kommentar.\\

% Mehrzeilige Kommentare sind auch möglich, wenn Sie im Text keinen
manuellen Zeilenumbruch durchführen. LaTeX fasst dann den gesamten Text
nach dem Prozentzeichen bis zum nächsten Zeilenumbruch als Kommentar auf.

Dieser Text erscheint wieder im Ausdruck.
```

Listing 55: Kommentare im Editor

7.19 Querverweise – Sprungmarken

In LateX können Sie an beliebigen Stellen Sprungmarken anlegen, die bei LaTeX »label« genannt werden.

Ich habe auf diese Kapitel eine Sprungmarke (genannt: sprungmarken) gesetzt, um von beliebigen Textstellen aus auf dieses Kapitel verweisen zu können. Das sieht so aus:

```
\section{Querverweise -- Sprungmarken}\label{sprungmarken}
```

Listing 56: Eine Sprungmarke setzen

Auf diese »label« können Sie dann mit dem Befehl »\ref{label}« hinweisen, wenn Sie auf eine Kapitelnummer, eine Abbildungsnummer oder eine Tabellen- oder Listingnummer hinweisen wollen. Wollen Sie auf die Seite mit dem »label« verweisen, benutzen Sie einfach den Befehl »\pageref{label}«.

```
Die \textbf{Windows Installation} finden Sie im Kapitel \ref{tit:
wininst} ab Seite \pageref{tit:wininst} erklärt.\\
\textbf{Bunte Blumen} finden Sie auf der schönen Abbildung \ref{
Demo-Blumen} auf der Seite \pageref{Demo-Blumen}.\\
Der \textbf{Abschnitt \ref{sprungmarken}} erklärt die Verwendung
von Querverweisen auf dieser Seite \pageref{sprungmarken}.\\
Das \textbf{Bilderverzeichnis} finden Sie ab Seite \pageref{
abbildungen}.
```

Listing 57: Beispiele für Querverweise

Das ist dieses Kapitel und diese ⇐ Seite.

> Die **Windows Installation** finden Sie im Kapitel 4 ab Seite 33 erklärt.
> **Bunte Blumen** finden Sie auf der schönen Abbildung 7 auf der Seite 104.
> Der **Abschnitt 7.19** erklärt die Verwendung von Querverweisen auf dieser Seite 116.
> Das **Bilderverzeichnis** finden Sie ab Seite 205.

Merken Sie sich:

Referenzen auf Abbildung-, Tabellen- oder Listing-**Nummern** erfolgen mit dem Befehl »\ref{label}«.

Auf **Seiten**nummern wird mit »\pageref{label}« verwiesen.

Tipp:

Ich habe mir zur Kontrolle im Listing 57 einen Verweis auf den aktuellen Abschnitt (section) und die aktuelle Seite angelegt. Wie man aus folgendem Bild erkennen kann, stimmten die Angaben zunächst nicht überein (siehe eingekreiste Seitenzahlen).

Die **Windows Installation** finden Sie im Kapitel 4 ab Seite 31 erklärt.
Bunte Blumen finden Sie auf der schönen Abbildung 8 auf der Seite 105.
Der **Abschnitt 7.19** erklärt die Verwendung von Querverweisen auf Seite 117.
Das **Bilderverzeichnis** finden Sie ab Seite 203.

Das ist dieses Kapitel und diese ⇐ Seite.

Abb. 10: Indexfehler – es fehlt mindestens noch ein MakeIndex- oder Übersetzungslauf. Aber nach einem weiteren Übersetzungsverlauf stimmten die Seitenangaben überein.

Kontrollieren Sie immer mehrere Verweise auf Ihre Richtigkeit, bevor Sie Ihr Dokument ausdrucken oder an den Verlag senden!

Lieber einmal mehr Übersetzen (links auf den Pfeil neben »XeLaTeX« klicken).

7.20 Microtype

Das microtype-Paket sollte beim Arbeiten mit (pdf)LaTeX geladen werden. Im Normalfall reicht es, das Paket ohne optionale Angaben aufzurufen »\usepackage{microtype}«.

Man erreicht mit dem microtype Paket unter pdfLaTeX eine verbesserte Darstellung und einen optisch guten Randausgleich. Trennzeichen (-) werden in den Außenrand verlegt, wodurch der Textbereich noch besser aussieht, da am rechten Rand keine Lücken vorhanden sind.

Was ich nur vom microtype-Paket kenne und von keinem anderen Satzprogramm, ist eine integrierte Buchstabenskalierung (Größenänderung), die das Textfeld noch besser aussehen lässt. Mit zugekniffenem Auge sollte man eine gleichmäßig dunkelgraue Fläche sehen, wo sich das Textfeld (die Textarea) befindet.

Durch dichtere Packung der Buchstaben passt bei Verwendung des microtype-Paketes mehr Text auf den gleichen Raum, als wenn microtype nicht angewendet wird.

Ausführliche Informationen findet man im Internet auch unter »http://www.khirevich.com/latex/microtype/«. Diese Information ist zwar auf englisch, aber alleine die Beispiele zeigen die Wirkung von »microtype«.

7.21 enlargethispage

Der Befehl »\enlargethispage« bietet die Möglichkeit, bei Bedarf auf einer Seite z. B. eine oder zwei Zeilen mehr zu verwenden, indem man den Befehl »\enlargethispage{2\baselineskip}« eingibt.

Jetzt stehen zwei zusätzliche Zeilen auf der Seite zur Verfügung, falls genügend Platz vorhanden ist.

Setzt man hinter den Befehl »\enlargethispage« ein Sternchen, so wird versucht, noch mehr Platz zur Verfügung zu stellen, indem die Zeilen etwas näher zusammenrücken. Ob das gut aussieht, muss jeder selber beurteilen.

7.22 Ligaturen

Als Ligatur bezeichnet man zwei zusammenhängende Buchstaben, wie z. B.

fi, ff, fl.

Dabei werden diese beiden Buchstaben dicht zusammengerückt, als wäre es ein Buchstabe.

Oft sind Ligaturen aber nicht erwünscht. Die Wege zur Vermeidung von Ligaturen sind allerdings sehr arbeitsaufwändig, da es für XeLaTeX keinen globalen Befehl gibt, der alle Ligaturen verhindert. Wer sich mehr dafür interessiert, findet im Internet ausführliche Angaben. Ich zeige hier nur eine Möglichkeit zur Verhinderung einer Ligatur.

fi, ff, fl

Dabei habe ich zwischen die beiden Buchstaben, die nicht so eng zusammen sitzen sollen eine Trennung mit Backslash »\« und Slash »/« eingefügt, also »\/«.

Hier ein Beispiel: Auflage oder richtig Auflage.

Aber man muss schon ganz genau zwischen »f« und »l« hinschauen, um den Unterschied (größerer Abstand) zu erkennen.

Nun müssen Sie aber nicht alle »fl, fi, fh« Kombinationen auftrennen. Ligaturen sind nur an den Wortfugen, also an den Silbentrennstellen unerwünscht. Hier zum Beispiel sind Ligaturen richtig: Kaffee, öffentlich und treffen.

Fontane war ein wandernder Schriftsteller

8 Präambel Einstellungen

Die Investition in Wissen zahlt die besten Zinsen.

*(Benjamin Franklin (1706 – 1790), Gründervater
der Vereinigten Staaten)*

Die Grundeinstellungen für Ihr Dokument werden in der sogenannten Präambel vorgenommen. In den ersten Zeilen wird die Dokumentenklasse festgelegt, die unter anderem das Papierformat, den Satzspiegel, die Schriftgröße und die Art des Dokumentes bestimmt.

```
 1  \documentclass [paper=a5 % Papierformat
 2  ,BCOR=8.00mm             % Bindungsabzug Innenseite
 3  ,DIV=16                  % Einstellungen Satzspiegel
 4  ,twoside                 % zweiseitiger Satzspiegel; bei
 5                           % book-Dokumentklasse automatisch
 6                           % so eingestellt, dass neue
 7                           % Kapitel immer auf der
 8                           % rechten Seite beginnen
 9  ,fontsize=12pt           % Schriftgröße
10  ,headsepline             % erzeugt eine Trennlinie in der
11                           % Kopfzeile.
12  ,headings=small          % erzeugt kleinere Überschriften
13  ]{scrbook}               % Wir wollen ein Buch schreiben
```

Listing 58: Dokumentenklasse festlegen

Eine Erklärung des Listings folgt unten.

Zeile 2: Mit dem **Bindungsabzug** »BCOR« legen Sie den Teil der Seite im Bund fest, der durch die Bindung (Klebung) und die Rundung der Innenseite nicht bzw. nur schlecht lesbar wäre. Dieser schmale Rand wird nicht in die Satzspiegelberechnung einbezogen. In Abbildung 11 ist dieser Bereich schwarz dargestellt. Bei einseitigem Druck ist der sichtbare linke und rechte Rand neben dem Textblock gleich groß, obwohl der unbedruckte Teil der Seite am linken Rand um die Größe des Bindungsabzuges breiter ist. Bei zweiseitigem Druck, wie er

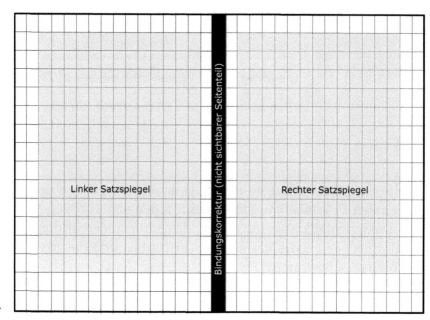

Der schwarze
Bereich ist der
Bindungs- und
Klebeteil, der
nicht oder kaum
sichtbar ist.

Abb. 11: Beispiel des Seitenlayouts eines Buches mit einer Rastereinstellung DIV=16 in der Dokumentenklasse.

bei Büchern üblich ist, besitzen linke (gerade) Seiten rechts einen Bindungsabzug und rechte (ungerade) Seiten haben diesen Abzug am linken Rand. Aus Gründen der Harmonie sollte der sichtbare mittlere unbedruckte Bereich (im Bild die beiden weißen Streifen) insgesamt so breit sein, wie der Außenrand der Seiten, so wie es auch in der Abbildung 11 zu sehen ist. Der Außenrand der Seiten eines beidseitig bedruckten Buches sollte also doppelt so breit sein, wie der sichtbare unbedruckte Innenrand einer Seite. Aber keine Angst. Auch wenn sich das kompliziert anhört, ist es für Sie ganz einfach, da das Programm anhand der Vorgaben in der Dokumentenklasse das Seitenlayout selbst berechnet. Sie müssen also nichts weiter tun, als in der Dokumentenklasse die obigen Vorgaben aus Listing 58 auf Seite 121 einzutragen und gegebenenfalls mit dem DIV-Wert etwas »herumzuspielen«, bis Ihnen die Größe des Textfeldes (Satzspiegel) zusagt. In diesem Buch wollte ich möglichst viel auf einer Seite unterbringen und habe deshalb den DIV-Wert auf 16 gesetzt, da durch den breiten Seitenrand für Bemerkungen schon viel Platz verloren geht.

Zeile 3: Der **DIV-Wert** bestimmt vereinfacht ausgedrückt die Größe des bedruckten Textbereiches, den Satzspiegel. Bei einem DIV-Wert von z. B. 16 wird die Seite horizontal und vertikal in 16 Streifen aufgeteilt und bei einem Buch der Innenrand sowie der obere Rand auf die Größe eines Streifens und der Außenrand und der untere Rand auf zwei Streifen festgelegt (siehe Abb. 11). Der Textbereich sollte für gute Lesbarkeit etwa 60 bis 70 Zeichen breit sein. Damit ist er bei größerer Schrift breiter, als bei kleiner Schrift. Tabelle 6 zeigt die Standardwerte für das A4 Papierformat. Für das

Je kleiner der DIV-Wert gewählt wird, desto größer werden die Ränder. Bei A5 Papier sollte der DIV-Wert aus meiner Erfahrung zwischen 13 und 18 liegen.

Schriftgröße	10 pt	11 pt	12 pt
DIV Wert	8	10	12

Tabelle 6: DIV-Werte für DIN A4 Papierformat

Format A5 habe ich brauchbare Werte im Bereich 13 – 18 ermittelt. Der mit »DIV=calc« ermittelte Wert von 19 ergab ein unschönes Layout. Werte unter 13 sind zwar möglich, ergeben aber meiner Meinung nach einen zu großen Rand. Sehr umfangreiche Informationen zum Thema Seitenlayout finden Sie in dem Buch »KOMA-Script« von Markus Kohm [4] ab Seite 29, dem ich auch die Tabelle 6 entnommen habe. In der zweiten und dritten Auflage dieses Buches habe ich wegen des größeren Formates einen DIV-Wert von 12 gewählt, da die Seitengröße im Format 170x220 mm etwas mehr Platz bietet, als das A5-Format eines Taschenbuches.

Mit **parskip** in der Präambel legen Sie fest, dass Sie eine Leerzeile zwischen den Absätzen haben wollen.

Über die Möglichkeit, in der Präambel mit dem Parameter »**parskip**« anzugeben, dass zwischen Absätzen eine Leerzeile eingefügt wird, habe ich schon auf Seite 63 geschrieben. Wenn Sie diese Option nutzen, sollten Sie aber den Einzug der ersten Zeile eines Absatzes, wie dort beschrieben, auf »\setlength{parindent}{0mm}« festlegen.

Zeile 13: Die abschließende Dokumentenklasse »**scrbook**« in den geschweiften Klammern als Abschluss der Klassendefinition ist genau die richtige für ein Buch, wie man leicht erkennen kann, wenn man ein wenig Englischkenntnisse hat. Und ganz ohne ein paar englische Grundkenntnisse wird man bei LaTeX (leider) nicht auskommen. Aber wer sich an Bücher oder wissenschaftliche Arbeiten heranwagt, wird damit kaum Probleme haben.

Hinweis: Die ideale Textbreite von 60 bis 70 Zeichen wird in diesem Buch nicht exakt erreicht, da ich einen breiten Rand für Anmerkungen vorgesehen habe. Auf eine kleinere Schrift als Alternative habe ich verzichtet, da es mir auf eine gute Lesbarkeit ankam. Für einen Roman eignet sich eine Schriftgröße von 11pt oder auch 12pt. Probieren Sie es aus.

8.1 Nützliche Pakete

Es gibt für LaTeX und alle Varianten eine ungezählte Menge von Erweiterungen – Pakete genannt. Diese werden in der Präambel mit dem Befehl »\usepackage« geladen und stehen dann sofort zur Verfügung. Je nach Anwendung benötigt man nur eine Handvoll davon, und sollte auch nur die nachladen, die für das jeweilige Dokument erforderlich sind. Einige nützliche Pakete, die ich für dieses Buch genutzt habe, die man aber für einen Roman nicht alle benötigt, sind nachfolgend aufgelistet. Einige Pakete enthalten neben dem eigentlichen Befehl in einer geschweiften Klammer noch optionale Angaben in eckigen Klammern.

```
1  \usepackage[T1]{fontenc}      % Darstellung der Schriften
2  \usepackage[ngerman]{babel}% dtsch. Besonderheiten
3  \usepackage[babel,german=quotes]{csquotes}% Anf.Zeichen
4  \usepackage[utf8]{inputenc}% Dateikodierung
5  \usepackage{blindtext}        % Erzeugung Blindtext
6  \usepackage{lettrine}         % Initiale Absatzbeginn
7  \usepackage{picins}           % Kleine Initial-Bilder
8  \usepackage{ellipsis}         % Abstand bei 3 Punkten
9  \usepackage{libertine}        % alternative Schrift
10 \usepackage{microtype}        % Verbesserung PDF-Ausgabe
11 \usepackage{graphicx}         % Einbinden von Bildern
12 \usepackage{tikz}             % Erstellen von Grafiken
13 \usepackage{wrapfig}          % Bilder seitlich umfließen
14 \usepackage{scrlayer-scrpage}% dynamische Kopfzeilen
15 \usepackage{eurosym}          % Eurosymbol, Aufruf mit \euro
```

Die Pakete werden nachfolgend noch erklärt. Laden Sie nur die Pakete zu, die Sie auch wirklich benötigen.

Listing 59: Einige nützliche Pakete in der Präambel

8.1.1 Zusatz-Informationen zu Listing 59

- **Zeile 1:** Das Paket **fontenc** ist für die Schriftcodierung (fontencoding) auch von Vektorschriften, die beliebig skalierbar sind, zuständig und ermöglicht mit der Option [T1] für Westeuropa den Umgang mit Umlauten an Trennstellen. Bei Verwendung von XeLaTeX und LuaLaTeX sollte man das Paket allerdings nicht verwenden, sondern vorzugsweise das Paket »fontspec« in der Präambel laden.   **fontenc**

- **Zeile 2:** Das Sprachpaket **babel** sollte bei Anwendung der neuen deutschen Rechtschreibung mit der Option [ngerman] geladen werden. Das Paket ist auch zuständig für die Anpassung von Bezeichnungen im Dokument und für die sprachspezifische Anpassung von Zeit- und Datumsangaben. Will man innerhalb des   **babel**

Dokumentes verschiedene Sprachen verwenden, so kann man diese in der Option angeben, zum Beispiel [spanish,danish,english,ngerman]. **Wichtig:** Die letzte Angabe bestimmt im Dokument die sprachspezifischen Anpassungen. Eine Textstelle in englischer Sprache wird dann nach der Sprachumstellung mit »\selectlanguage{english}« eingegeben. Danach kann wieder auf eine andere Sprache umgeschaltet werden.

csquotes

- **Zeile 3:** Das Paket **csquotes** ermöglicht das globale Umschalten des Aussehens der Anführungszeichen in der Präambel für das gesamte Dokument. Dazu müssen nur alle Texte in Anführungszeichen wie folgt eingegeben werden: »**\enquote{Text in Anführungszeichen}**«.

Der Paketbefehl \usepackage[autostyle,german=**quotes**]{csquotes} in der Präambel ergibt dann folgende Ausgabe: »**Text in Anführungszeichen**«.

Der Paketbefehl \usepackage[autostyle,french=**guillemets**]{csquotes} in der Präambel ergibt dann folgende Ausgabe: « **Text in Anführungszeichen** ».

Dazu muss aber in der Präambel entweder die französische Sprache eingestellt oder mit dem Befehl »\selectlanguage« ausgewählt sein, wenn diese Sprache in Zeile 2 des Listings 59 mit eingetragen ist.

Und der Paketbefehl \usepackage[autostyle,german=**guillemets**]{csquotes} in der Präambel ergibt dann folgende Ausgabe: »**Text in Anführungszeichen**«.

Da die « Guillemets » sich besser in den Textfluss einpassen als die deutschen „Gänsefüßchen", habe ich die Guillemets in diesem Buch verwendet. Allerdings in der deutschen Variante, wo die Zeichenspitzen auf den eingeschlossenen »Text« zeigen, während sie im französischen Original nach « außen » zeigen. Wenn Sie genau hinschauen, werden Sie sehen, dass die französische Variante einen etwas größeren Abstand zum eingeschlossenen Text hat.

- **Zeile 4:** Das Paket **inputenc** sollte mit der Option [utf8] geladen werden, damit Umlaute, das »ß« und das Eurozeichen »€« direkt über die Tastatur eingegeben werden können[1]. Bei Verwendung von XeLaTeX und LuaLaTeX darf man das Paket nicht verwenden, da XeLaTeX und LuaLaTeX bereits die direkte Eingabe im UTF8-Code beherrschen. Bei Nichtbeachtung werden Sie wahrscheinlich an einigen Stellen im Buch merkwürdige Zeichen finden.   **inputenc**

- **Zeile 5:** Mit diesem Paket kann zum Testen ein Absatz mit einem Test-Text eingegeben werden, indem man im Text einfach \blindtext eingibt.   **blindtext**

- **Zeile 6:** Dieses Paket muss nur geladen werden, wenn man Initialen benutzen will.   **lettrine**

- **Zeile 7:** Auch diese Paket wird nur benötigt, wenn Sie Bilder als Initiale einsetzen wollen.   **picins**

- **Zeile 8:** Dieses Paket verbessert den Abstand zwischen den Leerräumen der Auslassungspunkte ...   **ellipsis**

- **Zeile 9:** Statt »libertine« können Sie auch eine andere Schrift, zum Beispiel »lmodern«, laden.   **Schriftart**

- **Zeile 10:** Das Paket »microtype« verbessert durch minimale Skalierungen der Buchstaben und Zwischenräume im Text den Randausgleich und das allgemeine Aussehen des Textblocks und sorgt im Blocktext für gleichmäßigere Zwischenräume.   **microtype**

---

[1]Ein schöneres Eurozeichen erhält man allerdings mit dem Paket »eurosym« und der Eingabe \euro ➜ €

graphicx
- **Zeile 11:** Mit »graphicx« wird das Einbinden von Bilder im Dokument ermöglicht.

TikZ
- **Zeile 12:** Wer eigene Grafiken erstellen will, benötigt das Paket »TikZ« (**TikZ** ist kein **Z**eichenprogramm, sondern eine Sprache zum Erstellen von Grafiken). Beispiele finden Sie ab Seite 155.

wrapfig
- **Zeile 13:** Das Paket »wrapfig« wird benötigt, wenn Sie Bilder in den Text einbinden wollen und der Text um die Bilder herum fließen soll. Ein Beispiel finden Sie auf Seite 10 und weitere ab Seite 223.

scrlayer-scrpage
- **Zeile 14:** Das Paket »scrlayer-scrpage« gehört zu den KOMA-Scripten und ermöglicht eine flexible Gestaltung der Kopf- und Fußzeilen. Es ersetzt das Paket »scrpage2«, das nicht mehr benutzt werden sollte, auch wenn es »noch« funktioniert.

eurosym
- **Zeile 15:** Nicht unbedingt erforderlich, da das €-Symbol auch über die Tastatur eingegeben werden kann, aber mit dem Paket eurosym und der Texteingabe \euro erzeugt man ein sauberes €-Symbol.

Im Anhang »Hilfreiche Webseiten« ab Seite 193 finden Sie auch einen Link zu einer Liste der LaTeX-Pakete.

Alle Pakete, die keine Optionen benötigen, könnten auch mit einem einzigen »usepackage«-Befehl geladen werden. Würden Optionen angegeben, könnte es Probleme geben, wenn ein Paket diese nicht oder nicht richtig interpretieren kann, da die angegebene Option für alle gleichzeitig geladenen Pakete gilt.

Beispiel: \usepackage{lettrine,picins,tikz}

Allerdings ist die Einzelauflistung von Vorteil, wenn man schnell ein Paket deaktivieren möchte. Dann setzt man einfach ein Prozentzeichen vor die entsprechende Zeile.

%\usepackage{lettrine} Paket ist deaktiviert

9 Romanvorlage in Einzelschritten

Ein Titel muss kein Küchenzettel sein. Je weniger er von dem Inhalt verrät, desto besser.

(Gotthold Ephraim Lessing (1729 – 1781), deutscher Dichter)

Nochmal ein Hinweis vorweg. Laden Sie nur die Pakete mit \usepackage»{paketname}« in die Präambel Ihres Dokumentes, die Sie auch wirklich benötigen. Je weniger Pakete Sie nachladen, desto einfacher ist die Fehlersuche, wenn es beim Übersetzen des Buches in eine PDF-Datei zu einem Problem kommt.

In meiner Präambel sind mehr Pakete nachgeladen worden, als für ein Roman-Taschenbuch erforderlich sind, da ich Grafiken, Bilder, Tabellen, Margin-Anmerkungen und Programmlistings als Beispiele mit unterbringen musste.

9.1 Die Präambel - Voreinstellungen

Nachfolgend finden Sie eine Präambel für den Anfang Ihres Buches, die wirklich nur das Nötigste für eine Romanvorlage enthält. In grüner Schrift sind Kommentare dargestellt, die Sie nicht mit eingeben müssen, obwohl Sie bei der Fehlersuche oder auch bei gewünschten Veränderungen sehr hilfreich sein können.

In nichtfarbigen Listings erkennt man Kommentare an der grauen Schrift hinter einem Prozentzeichen.

```
1 \documentclass[paper=a5,BCOR=10.00mm,DIV=13,twoside,fontsize=12pt
  ,headings=small]{scrbook}
2 % [Papierformat A5, Bindungsabzug 8mm, DIV -> Satzspiegel-
  Berechnung, beidseitiger Druck, Schriftgröße 12 Punkt, Kleine
  Kapitelüberschriften] { Buchvorlage}
```

Listing 60: Romanvorlage Teil 1: Präambelkopf

In Zeile 1 der Präambel wird zuerst das **Papierformat** festgelegt. Dann folgt der **Bindungsabzug** (BCOR). Dessen Wert hängt von der Art der Bindung (Klebung, Ringheftung usw.) und der Seitenzahl ab und ist der Teil der Seite, der gegebenenfalls im Innenbereich wegen der Bindung nicht sichtbar ist.

BCOR Tipp: Legen Sie ein (möglichst bedrucktes) Blatt Papier zwischen die mittleren Seiten eines etwa gleich dicken Buches ein und markieren Sie bei normal aufgeschlagenen Buch den Rand, den sie auf dem eingelegten Blatt noch gut erkennen können. Dann können Sie den Bindungsabzug abmessen.

Ich habe für dieses Buch 10 mm eingeplant. Als Anhalt für ein Paperback-Taschenbuch kann man für den Bindungsabzug die halbe Breite des Buchrückens ansetzen. Sie sollten diesen Wert nach Erhalt des ersten Buchmusters prüfen und ggfs. noch ändern. Die Satzspiegelberechnung ermittelt aus Schriftgröße und Blattgröße die Größe des bedruckbaren Bereiches. Sie können die Werte für **DIV** auf Wunsch bei A5 Format zwischen 13 und 18 verändern. Andere Werte ergeben nach meinen Überprüfungen keine guten Layoutergebnisse. Ich habe auch die automatische Berechnung des DIV-Wertes (DIV=calc) getestet. Dieser ergibt einen DIV-Wert von 19, was aber dazu führt, dass die Seitenzahlen ganz am unteren Seitenrand sitzen und es in der LOG-Datei eine Warnung gibt, den DIV-Wert zu verringern. Mehr Infos zum Satzspiegel findet man auf Teuderun.de [1]. Die Option »headings=small« können Sie weglassen, wenn Ihnen die standardmäßigen großen **Kapitelüberschriften** gefallen oder wenn Sie keine Kapitel benutzen. Entfernen Sie dann auch das Komma hinter der Schriftgröße (12pt).

```
3  \usepackage[T1]{fontenc}    % Darstellung der Schriften
4  \usepackage[ngerman]{babel}% dtsch. Besonderheit.
5  \usepackage[utf8]{inputenc}% Dateikodierung
6  \usepackage{microtype}     % Verbesserung PDF-Ausgabe
7  \usepackage{lmodern,blindtext}% Schrift und Blindtext
```

Listing 61: Romanvorlage Teil 2: Einstellungen zu Sprache und Schrift

In diesem Buch habe ich »lmodern« als Schrift verwendet.

In diesem Teil (Zeile 3 bis 7) erfolgt unter anderem die Einstellung der Schrift und alles, was für die deutschen Besonderheiten (wie Umlaute) erforderlich ist. In der Zeile 7 können Sie zum Beispiel »lmodern« auch durch »libertine« als Schrift ersetzen. Eine Auswahl freier Schriften finden Sie im Internet bei Matthias Pospiech [8]. Das Paket »blindtext« dient nur zum Testen.

Die folgenden Zeilen (8 bis 15) dienen nur der Vorbereitung, einen Schmutztitel zusätzlich anzulegen, der bei wissenschaftlichen Arbeiten nicht vorgesehen ist und daher auch in TeX und LaTeX standardmäßig nicht vorgesehen war. Der Schmutztitel selbst wird erst später angelegt. In den Zeilen 8 bis 15 müssen Sie daher auch keine Eintragungen ändern oder ergänzen. Sie benötigen diese Zeilen immer, wenn Sie vor der Titelseite einen Schmutztitel anlegen wollen, was auch heute in Büchern noch üblich ist, obwohl der Buchblock mittlerweile von einem schützenden Cover umgeben ist.

Schmutztitel waren in TeX nicht vorgesehen, daher muss dieser mit ein paar Tricks eingefügt werden. Ab Seite 141 finden Sie eine selbst erstellte einfache Version der Titel- und Schmutztitelseiten.

```
8  \usepackage{titlepage}% SCHMUTZTITEL vorbereiten
9  \TitlePageStyle[pagenumber=1]{KOMAScript}%
10 \makeatletter
11 \renewcommand*{\makepretitleback}{%
12   \ifx\@extratitle\@empty\else\begin{titlepage}\@fontispiz\end{
     titlepage}\fi}%
13 \newcommand{\fontispiz}[1]{\renewcommand*{\@fontispiz}{#1}}%
14 \newcommand*{\@fontispiz}{}%
15 \makeatother
```

Listing 62: Romanvorlage Teil 3: Schmutztitel vorbereiten

Wenn Sie keine Kapitelnummern verwenden wollen, geben Sie die Zeile 16 so ein, wie es das folgende Listing 63 zeigt. Eine »2« in der zweiten geschweiften Klammer vergibt Kapitelnummern bis in die zweite Unterebene. In diesem Buch ist das bis zum Unterabschnitt (subsection).

Mit der Angabe »-1« in der zweiten Klammer unterdrücken Sie die Anzeige von Kapitelnummern.

```
16 \setcounter{secnumdepth}{-1}% Keine Kapitelnummern
```

Listing 63: Romanvorlage Teil 4: Kapitelnummern

Jetzt wird der Schmutztitel (Seite 1 des Buchblocks) angelegt. Passen Sie den Titel (Zeile 21) und das Verlagslogo (Zeile 26) an Ihre Wünsche an.

131

Die Zeile 26 mit dem BoD-Logo habe ich durch das Prozentzeichen am Zeilenanfang auskommentiert, da es sonst bei
fehlendem Bild mit diesem Dateinamen zu einer Fehlermeldung kommt. Wenn Sie ein Logo einsetzen wollen, geben Sie
in der geschweiften Klammer den Dateinamen des Logos an.
Setzen Sie hinter dem Befehl »\includegraphics« in eckigen
Klammern die Breite des Logos (zum Beispiel [width=25mm])
ein, wenn das Logo nicht in Originalgröße eingebunden werden
soll. Vergessen Sie dann nicht, dass Prozentzeichen am Anfang
der Zeile 26 zu entfernen.

```
17  \extratitle{   % SCHMUTZTITEL mit Verlagslogo (Seite 1)
18  \begin{center}%
19  \vspace*{6cm} % Abstand zum oberen Seitenrand
20  \Huge          % Großschrift einschalten
21  IHR BUCHTITEL % <<<<< SCHMUTZTITEL hier eingeben
22  \end{center}   %
23  \vspace{40mm} % Abstand einfügen
24  \begin{figure}[h]            % hier LOGO
25  \centering                   % auf Seite zentrieren
26  %\includegraphics[]{BoD-Logo} % <<<<< Verlagslogo BoD
27  \end{figure}}                %
```

Listing 64: Romanvorlage Teil 5: Schmutztitel

Sollte Ihr Titel sehr lang sein, können Sie auch eine kleinere Schriftgröße wählen. Geben Sie in Zeile 20 statt »\Huge«
entweder »\huge« oder »\Large« ein. Weitere Schriftgrößen
finden Sie auf Seite 55.

**Hinweis: In Zeile 26 können Sie in den eckigen Klam-
mern optional die Bildgröße, Breite oder Höhe, angeben.**

Beispiele:
\includegraphics[width=40mm]{BoD-Logo}

\includegraphics[height=60mm]{BoD-Logo}

\includegraphics[width=40mm, height=60mm]{BoD-Logo}

```
28  \title{IHR BUCHTITEL}      % <<<<< Hier nochmal eingeben
29  \subtitle{IHR UNTERTITEL}% <<<<< Hier Untertitel eingeben
30  \author{Max Mustermann}   % <<< IHR Name
31  \date{1. Auf\/lage, Oktober 2018}%  Auf\/lagenhinweis
32  \lowertitleback{Bibliografische Information der Deutschen
    Nationalbibliothek:
33  Die Deutsche Nationalbibliothek verzeichnet diese Publikation in
    der Deutschen Nationalbibliografie; detaillierte bibliografische
    Daten sind im Internet über
34  www.dnb.de abrufbar.\\
35  \copyright 2018 Autor Mustermann, 1. Auf\/lage Oktober 2018 \\
36  Herstellung und Verlag: BoD - Books on Demand, Norderstedt \\
37  ISBN: 978-3-xxxx-xxxx-x\\      % ISBN-Nummer
38  \begin{footnotesize}\textit{HIER ggfs. noch Anmerkungen eintragen
    .}\end{footnotesize}% siehe Beispiel Seite 4 unten hier im Buch
39  }% end lowertitleback
```

Zeile 28 – 31:
Text für Seite 3.
Zeile 32-39:
Text für Seite 4.

Listing 65: Romanvorlage Teil 6: Titel Seite 3 und 4

Auf Seite 3 finden Sie den Titel und gegebenenfalls einen Untertitel, den Namen des Autors und Daten zur Auflage. Das Feld »\date« zwischen den geschwungenen Klammern können Sie auch leer lassen. Auf der Rückseite (Seite 4) der Titelseite finden Sie einen Hinweis zur Deutschen Nationalbibliothek, den Copyrightvermerk, Angaben zu Herstellung und Verlag und die ISBN.

Am Fuß der Seite 4 können Sie noch eine Anmerkung eintragen oder die Zeile 38 weglassen. Aber nicht die geschweifte Klammer in Zeile 39 löschen!

Falls Sie unten auf der Seite 4 auch einen Text eintragen wollen, muss dieser innerhalb des zweiten Paares geschweifter Klammern stehen. Im Listing Zeile 38 steht dort der Text »›HIER ggfs. noch Anmerkungen eintragen‹«. Im Buch vorne auf Seite 4 steht dort »›**Die Informationen in diesem Buch habe ich mit größter Sorgfalt ...**‹«

Bis hierher haben wir die Schmutztitelseite (Seite 1) sowie die Titelseite (Seite 3) und deren Rückseite (Seite 4) fertig gestellt. Falls Sie auch die erste Rückseite (Seite 2) mit einem Text versehen wollen, so wird dieser erst später eingetragen. Dort können Sie eine Widmung oder irgend etwas anderes unterbringen. Oder aber Sie lassen diese Seite frei. In diesem Buch finden Sie dort in Kurzform meine Biografie.

Damit sind die Eintragungen in der Präambel beendet. Falls erforderlich, werden zusätzliche Programmpakete mit dem Befehl »\usepackage{paketname}« am besten in den Bereich nach Zeile 7 eingetragen.

Infos zu weiteren Möglichkeiten und erforderlichen Paketen finden Sie im Kapitel »LaTeX Grundlagen« ab Seite 53. Vorerst sollten Sie aber mit der eben beschriebenen Dokumentenvorlage (Präambel) arbeiten und erst, wenn Sie sich fit genug für LaTeX fühlen, mit irgendwelchen Erweiterungen arbeiten. Für ein normales Taschenbuch ohne Bilder sollte diese Beispiel-Präambel reichen. Wie Sie Bilder in den Text einfügen können, finden Sie ab Seite 103 beschrieben.

9.2 Erklärung zum Begriff »fontispiz«

Im Listing 62 auf Seite 131 in den Zeilen 12, 13 und 14 ist Ihnen vielleicht das Wort »fontispiz« aufgefallen, für das mir anfangs keine Erklärung einfiel. Ich konnte es auch nicht mit dem Schmutztitel in Verbindung bringen. In Zeile 41 im Listing 67 auf Seite 136 taucht der Begriff »fontispiz« nochmal auf. Der Ausdruck stammt aus der Zeit, als Bücher noch handgemalt und mit Verzierungen in Form von Bildern und schön gemalten Buchstaben versehen wurden. Initialen als verzierte Buchstaben am Absatzanfang haben Sie ja schon bei den

Grundlagen kennengelernt. Als Fontispiz bezeichnet man halb-
bis dreiviertel-seitige Miniaturen mit umgebendem Rahmen.
Heute findet man diese Verzierungen kaum noch. Für die Rückseite des Schmutztitels wurde dieser Begriff aber übernommen,
da dort allerlei, und manchmal auch ein Bild, untergebracht
wird, das nur der Zierde dient.

In LaTeX-Texten finden Sie manchmal auch den gleichwerti-
gen Ausdruck »frontispiz«. Der Begriff stammt aus der französischen Sprache (frontispice) und bedeutet soviel wie Stirnseite.
Man bezeichnet damit eine Illustration auf der zweiten Seite,
die dem Titel auf der dritten Seite gegenüberliegt. Die zweite
Seite in der Buchherstellung ist die Rückseite des Schmutztitels und wird auch als Frontispiz-Seite bezeichnet.

Hinweis: Trotzdem kann je nach Dokumentenklasse und benutzen Paketen nur der eine oder andere Begriff in LaTeX
genutzt werden.

9.3 Dokument - Letzte Vorbereitungen

Der eigentliche Beginn des Buchinhaltes (Dokumentes) fängt
mit der folgenden Zeile an:

```
40  \begin{}document}%
```

Listing 66: Romanvorlage Teil 7: Dokumentenbeginn

Und trotzdem kommen wir jetzt nochmal auf den Schmutztitel zurück, dessen Rückseite (Seite 2 im Buch) ja noch nicht
definiert wurde. Soll auf dieser Seite kein Text untergebracht
werden und die erste Rückseite frei bleiben, so können Sie die

Zeilen 41 bis 45 weglassen. Ansonsten geben Sie diese wie folgt ein:

```
41  \fontispiz{    % SCHMUTZTITEL festlegen (Rückseite 2)
42  \centering
43  \vspace*{10cm}% Abstand vom oberen Seitenrand
44  HIER Text für Schmutztitel-Rückseite eingeben oder freilassen.
45  }%
```

Listing 67: Romanvorlage Teil 8: Schmutztitel Rückseite

Ihren Text fügen Sie in die Zeile 44 ein. Der Text darf auch mehrere Zeilen lang sein. Gegebenenfalls können Sie noch den vertikalen Abstand in der Zeile 43 verändern. In der folgenden Zeile 46 wird jetzt auch die Titelseite angelegt, deren Text bereits eingegeben wurde. Der Befehl »\maketitle« bewirkt die Ausgabe von Titel und Titelrückseite auf den Seiten 3 und 4 des Buches.

```
46  \maketitle% Titelseite wird von LaTeX erstellt
```

Listing 68: Romanvorlage Teil 9: Titelseite ausgeben

Wer ein Inhaltsverzeichnis nutzen möchte, sollte das erste Prozentzeichen in Zeile 51 löschen.

Da auf Seiten, wo ein neues Kapitel beginnt, der Titel bereits groß auf der Seite steht, soll dort der Titel nicht noch einmal in der Kopfzeile erscheinen. Das gleiche gilt für das Inhaltsverzeichnis. Deshalb folgen jetzt ein paar Zeilen, die die Kopfzeilen auf den Seiten des Inhaltsverzeichnisses und auf Kapitel-Startseiten unterdrücken.

```
47  \cleardoublepage
48  \begingroup
49    \renewcommand*{\chapterpagestyle}{empty}
50    \pagestyle{empty}
51  %  \tableofcontents   % Kein Inhaltsverzeichnis
52    \cleardoublepage
53  \endgroup
```

Listing 69: Romanvorlage Teil 10: Keine Kopfzeile auf den Kapitelseiten und den Inhaltsseiten

Die Zeilen 47 bis 53 haben folgende Bedeutung:

- **Zeile 47:** Seitenwechsel und Textbeginn auf einer ungeraden Seite.
- **Zeile 49:** Kapitelseiten ohne Kopfzeile ausgeben.
- **Zeile 50:** Diese Seite bleibt ohne Kopfzeile (hier steht bei aktivierter Zeile 51 das Inhaltsverzeichnis).
- **Zeile 51:** Wenn Sie das erste Prozentzeichen entfernen, wird hier das Inhaltsverzeichnis ausgegeben.
- **Zeile 52:** Seitenwechsel und nächster Text beginnt auf ungerader Seite.

Diese 53 Zeilen ab Seite 129 bis hier werden Sie immer wieder verwenden können. Nur wenige Zeilen müssen geändert werden. Das betrifft den Titel, die ISBN und eventuelle Anmerkungen.

Vorarbeit geschafft!

9.4 Das Buch beginnt

Bevor Sie loslegen und sich ab jetzt nur noch um Ihren Text kümmern, sollten Sie noch die letzten fünf Zeilen (54 – 58) hier abtippen, um ein fertiges Dokument zu erstellen. Alles nach Zeile 53 bis zum Dokumentenende können Sie dann später selber mit Ihren Ideen ausfüllen.

```
54 \chapter{Die blaue Bank}   % Ein Kapitel beginnt
55 \blindtext \blindtext
56 \section{Wie alles begann}% Ein Unterkapitel beginnt
57 \blindtext \blindtext \blindtext
58 \end{document}
```

Ein Testkapitel mit ein wenig Text zum Testen.

Listing 70: Romanvorlage Teil 11: Das Buch

Wenn Sie nun alle Zeilen abgetippt haben, kann ich Ihnen verraten, dass diese Arbeit nicht umsonst war. Die Zeilen 1 bis 53 können Sie mit wenigen Änderungen auf den Schmutztitel-

und Titelseiten unverändert für alle Bücher im gleichen Format übernehmen (kopieren). Ab Zeile 54 beginnt dann Ihr individueller Text mit oder ohne Kapitelüberschriften.

> Nur die letzte Zeile sollte immer wie folgt lauten: **\end{document}**.
>
> Sonst bekommen Sie folgende Fehlermeldung:
> ! Emergency stop.
> <*> ./Ihr Dateiname.tex
> *** (job aborted, no legal \end found)

Übersetzen bedeutet, aus Ihrem Textdokument eine PDF-Datei zu erstellen. Sie können dazu auch im Menü »Werkzeuge« auf »PDflaTeX« (F6) klicken und danach auf »PDF ansehen« (F7).

Nach Eingabe des Textes Klicken Sie jetzt oben in der Menüleiste auf den Pfeil **links** neben der Box ⟨Schnelles Übersetzen⟩ und schauen sich dann nach Ende der Übersetzung auf der rechten Seite die erstellte PDF-Datei an. Sollte es zu Fehlermeldungen gekommen sein, finden Sie diese im unteren Bereich auf der linken Seite. Meist sind diese Meldungen sehr aussagekräftig. Ansonsten prüfen Sie Ihre Eingaben auf vergessene oder falsche Klammern oder Rechtschreibfehler der Befehle.

Nur wenn Sie ein Inhaltsverzeichnis oder ein Literaturverzeichnis[1] verwenden, müssen Sie nach dem ersten Übersetzen noch folgendes tun:

Für ein Index-verzeichnis

- Klicken Sie im Menü Werkzeuge auf MakeIndex oder drücken die Funktionstaste F12. Das Inhaltsverzeichnis wird erstellt

Für ein Literaturverzeichnis

- Klicken Sie dann im Menü Werkzeuge auf BibTex oder drücken die Funktionstaste F11. Ein Literaturverzeichnis wird erstellt,

---

[1] Weitere Informationen zum Erstellen von Index- und Literaturverzeichnis finden Sie ab Seite 107

- Jetzt müssen Sie nochmal den Pfeil links neben
  ⌊Schnelles Übersetzen⌋ drücken, damit die erstellten
  Verzeichnisse in Ihre PDF-Datei übernommen werden.

Wenn Sie alles so abgetippt haben, wie in den Beispielzeilen
1 bis 58 angegeben, dann werden die ersten sechs Seiten Ihrer
PDF-Datei (ohne Lupe) so aussehen:

Eine zusammenhängende Vorlage für ein Taschenbuch im A5
Format finden Sie nochmal im **Anhang A** ab Seite 173. Stören
Sie sich nicht daran, dass die Zeilennummern abweichen. Im
Anhang ist der Text etwas aufgelockerter. Außerdem habe ich
dort das Inhaltsverzeichnis aktiviert.

```
\documentclass[paper=a5,BCOR=8.00mm,DIV=13,twosi
ze=12pt,headings=small]{scrbook}
% [Papierformat A5, Bindungsabzug 6mm, DIV -> Sat:
nung, beidseitiger Druck, Schriftgröße 12 Punkt, K
überschriften] { Buchvorlage}
\usepackage[T1]{fontenc}% Darstellung der Schrifte
\usepackage[ngerman]{babel}% Berücksichtigt dtsch.
\usepackage[utf8]{inputenc}% Dateikodierung (Quasi
\usepackage{microtype}%  Verbesserung PDF-Ausgabe
\usepackage{graphicx}%     Einbinden von Bildern ermöglichen
\usepackage{blindtext}%    Erzeugung Blindtext zum Testen
\usepackage{lmodern}%   Schrift
\usepackage{titlepage}% SCHMUTZTITEL-Rückseite vorbereiten
\TitlePageStyle[pagenumber=1]{KOMAScript}
\makeatletter
\renewcommand*{\makepretitleback}{%
   \ifx\@extratitle\@empty\else\begin{titlepage}\@fonti-
spiz\end{titlepage}\fi}%
\newcommand{\fontispiz}[1]{\renewcommand*{\@fontispiz}{#1}}%
\newcommand*{\@fontispiz}{}%
\makeatother
\setcounter{secnumdepth}{-1}% Keine Kapitelnummern
\extratitle{% SCHMUTZTITEL anlegen mit Verlagslogo (Seite 1)
\begin{center}%
\vspace*{6cm}% Abstand zum oberen Seitenrand
\Huge% Großschrift einschalten
IHR BUCHTITEL % <<<<< SCHMUTZTITEL hier eingeben
\end{center}%
\vspace{40mm}
\begin{figure}[h]
\centering
%\includegraphics{BoD-Logo}% <<<<< Verlagslogo BoD
\end{figure}}% Ende Extratitel
% TITELBLATT und TITEL-Rückseite (S.3 und 4)
\title{IHR BUCHTITEL}% <<<<< Hier nochmal Titel (S.3) eingeben
\subtitle{IHR UNTERTITEL}% <<<<< Hier Untertitel eingeben
\author{Max Mustermann}
\date{1. Auflage, September 2018}%

% Hier folgt alles für Seite 4
\lowertitleback{Bibliografische Information der Deutschen Natio-
nalbibliothek:
Die Deutsche Nationalbibliothek verzeichnet diese Publikation in
```

Das Bild zeigt etwa die Hälfte der kompletten Vorlage für einen Roman im Taschenbuchformat, wie ich sie hier Zeilenweise
vorgestellt habe. Nicht viel anders sieht auch der Anfang dieses Buches aus. Ich habe für dieses Buch lediglich ein anderes
Papierformat, eine geänderte Bindungskorrektur und einen abweichenden DIV-Wert gewählt.

10 Titelseiten selbst gebaut

Nicht weil es schwer ist, wagen wir es nicht, sondern weil wir es nicht wagen, ist es schwer.

(†12.4.65 Lucius Annaeus Seneca, römischer Philosoph)

Wem die Bastelei der Titelei, also der ersten vier Seiten, mit LaTeX-Vorgaben zu unübersichtlich ist, der kann natürlich auch die ersten vier Seiten seines Buches selbst gestalten. Dafür kann man einfach die LaTeX-Befehle nutzen. Allerdings sollten Sie dann zuerst die Grundlagen ab Seite 53 durchgelesen und verstanden haben. Nachfolgend werde ich Ihnen ein Listing als Beispiel dafür zeigen.

```
\documentclass[
paper=a5                      % Papierformat
,BCOR=8.00mm                  % Bindungskorrektur
,DIV=13                       % Satzspiegel
,twoside                      % beidseitiger Druck
,fontsize=12pt                % Schriftgröße
,headings=small]{scrbook}     % Kleinere Überschriften
\usepackage[T1]{fontenc}      % Darstellung der Schriften
\usepackage[ngerman]{babel}%  dtsch. Besonderheit.
\usepackage[utf8]{inputenc}%  Dateikodierung
\usepackage{microtype}        % Verbesserung PDF-Ausgabe
\usepackage{lmodern,blindtext}% Schrift und Blindtext
\begin{document}%
\setlength{\parindent}{5mm}%  Einrücken erste Absatz-Zeile
%---------------- SCHMUTZTITEL ---------------------
\thispagestyle{empty}         % Keine Kopf-/Fußzeilen
\phantom{}                    % s. Anmerkung unten
\vspace{80mm}                 % Abstand von Seitenanfang
\begin{center}
\Huge{Die blaue Bank}\\       % In Großschrift IHR TITEL
\Large{36 Geschichten, die das Leben schrieb}\\% U-Titel
\vspace{15mm}
\large{Helmut B. Gohlisch} % Setzen Sie IHREN NAMEN ein
\end{center}
\newpage
```

Anmerkungen zu diesem Listing finden Sie am Ende hinter Teil 3.

Listing 71: Teil 1 – Eigene Titelseiten

```
%------------------ SCHMUTZTITEL Rückseite ----------
\thispagestyle{empty}
\phantom{}
\vspace{80mm}
\begin{center}
In Gedenken an meine Eltern Erika und Bruno.
\end{center}
\vspace{25mm}
\hfill{}Hamburg, im November 2017% rechtsbündiger Text
\newpage
%----------------- TITELseite ----------------------
\thispagestyle{empty}
\phantom{}
\vspace{80mm}
\begin{center}
\large{Helmut B. Gohlisch}\\
\Huge{\textbf{Die blaue Bank}}\\
\normalsize{36 Kurzgeschichten, die das Leben schrieb}\\
\end{center}
\newpage
%----------------- TITEL Rückseite -----------------
\thispagestyle{empty}
\phantom{}
\vspace{45mm}
\begin{center}
\textbf{\copyright{} 2017 Helmut B. Gohlisch}\\[2mm]
Dieses Werk ist urheberrechtlich geschützt. Sämtliche Arten der
Vervielfältigung oder der Wiedergabe dieses Werkes sind ohne
vorherige Zustimmung des Rechteinhabers unzulässig.\\
gohlisch@t-online.de\\[5mm]

\textbf{Herstellung} BoD - Books on Demand, Norderstedt\\[5mm]

\textbf{Umschlaggestaltung, Layout und Illustrationen}\\
Helmut B. Gohlisch\\
1. Auf\/lage November 2017\\[5mm]
\textbf{Titelbild}\\
© Helmut B. Gohlisch\\[5mm]

ISBN: 978-3-7448-9044-1\\[5mm]

\fbox{\parbox{\textwidth}{\small%
Bibliografische Information der Deutschen Nationalbibliothek. Die
 Deutsche Nationalbibliothek verzeichnet diese Publikation in der
 Deutschen Nationalbibliografie, detaillierte bibliografische
Daten sind im Internet über www.dnb.de abrufbar.
}}
\end{center}
```

Listing 72: Teil 2 – Eigene Titelseiten

Die Schmutztitel- und Titelseiten mit deren Rückseiten sind jetzt fertig gestaltet. Nachfolgende beginnt jetzt Ihr Buchtext. Ich zeige hier nur ein kurzes Beispiel.

```
%----------------------------------------------------
\chapter{Die blaue Bank}  % Ein Kapitel beginnt
\blindtext

\blindtext
\section{Wie alles begann}% Ein Unterkapitel beginnt
\blindtext

\blindtext \blindtext
\end{document}
```

Listing 73: Teil 3 Ihr Buch beginnt

Wenn Sie die Listings Teil 1 – 3 abgetippt und mit PDfla-tex (F6) in eine PDF-Datei übersetzt haben, können Sie sich die PDF-Ausgabedatei ansehen und überprüfen, ob alles Ihren Wünschen entspricht. Abstände können Sie mit den vorhandenen »\vspace{ }« Befehlen anpassen. Schriftgrößen können Sie mit den bekannten Befehlen (siehe Seite 55) ebenfalls an Ihre Wünsche anpassen.

10.0.1 Anmerkungen zum Listing Teil 1 – 3

Im Listing finden Sie im Teil 1 und Teil 2 mehrfach den Befehl **\thispagestyle{empty}**. Dieser bewirkt, dass auf der Seite keine Kopf- und keine Fußzeile erscheint und damit auch keine Seitennummer, da Titelseiten üblicherweise nicht mit Seitenzahlen versehen werden.

Der Befehl **** taucht auch mehrfach auf. Dieser bewirkt eine nicht sichtbare Ausgabe, ermöglicht aber den nachfolgenden Abstandsbefehl »\vspace{ }«, der sonst nicht

Abb. 12: Das ist nicht der Tex/LaTeX-Tiger. Dieser Tiger lebt
bei Hagenbeck.

möglich wäre, da Abstände nach einem leeren Seitenabschnitt
nicht möglich sind.

Der Befehl **\hfill{ }** auf der Schmutztitel-Rückseite (Teil 2
des Listings) schiebt den nachfolgenden Text an den rechten
Seitenrand, indem eine passende Anzahl Leerzeichen eingefügt
werden. Alternativ könnten Sie diese Zeile auch rechtsbündig
ausrichten, aber mit »\hfill« ist es in diesem Fall einfacher zu
lösen.

Bis hierhin haben Sie schon genug Rüstzeug, um ein eigenes
Buch anzulegen (den Buchblock). Nachfolgend folgen ein paar
Einblicke in die erweiterten Möglichkeiten des Textsatzsystems
LaTeX.

11 Ausblick auf LaTeX Möglichkeiten

Die Wirklichkeit ist nur ein Teil des Möglichen.

(1921 – 1990 Friedrich Dürrenmatt, Schweizer Schriftsteller, Dramatiker und Maler)

Ich schrieb zu Anfang des Buches schon, dass LaTeX viel mehr Möglichkeiten bietet, als was ein Buchautor benötigt. Wer aber an LaTeX Freude gefunden hat und weitermachen will, dem zeige ich hier noch ein paar Leckerbissen der vielfältigen, auch grafischen Fähigkeiten des Programmes. Allerdings stellen diese auch erhöhte Anforderungen an die Einarbeitung in LaTeX, was ohne gründliche Kenntnisse der umfangreichen Dokumentation kaum möglich sein wird. Im Anhang des Buches finden Sie einige hilfreiche Webseiten, TeX-Foren und Literaturvorschläge. In einem zweiten LaTeX-Band werde ich auch noch etwas mehr auf die vielfältigen Möglichkeiten von LaTeX eingehen, die weit über das hinausgehen, was ein reiner Belletristik-Autor benötigt.

Das folgende Beispiel mag zwar sinnlos sein, aber es zeigt eine der unendlichen Möglichkeiten, die LaTeX den Textgestaltern bietet. Hier wird der Text in doppelter Höhe nach unten

gespiegelt. Die erforderlichen Textzeilen im Editor sehen Sie im nachfolgenden Listing 74.

```
1  \begin{figure}[h!]
2  \huge\makebox[110mm][l]{Vieles ist mit LaTeX machbar.}\\
3  \raisebox{\depth}{\scalebox{1}[-2]{Vieles ist mit LaTeX machbar
   .}}
4  \end{figure}
```

Listing 74: Gespiegelter Text

Mit den Befehlen »\begin{figure}« und »\end{figure}« wird ein Bereich der Seite für den Inhalt festgelegt. Die Angabe »h!« in den eckigen Klammern sorgt dafür, dass dieser Bereich möglichst an der Stelle auf der Seite erscheint, wo er auch im Text geschrieben steht (h von here = hier). Ohne diese Angabe versucht LaTeX Abbildungen, Tabellen und solche Bereiche (man nennt sie Umgebungen oder auch »floats«, hier also eine figure-Umgebung) so unterzubringen, dass sich ein gutes Erscheinungsbild ergibt. Sie können folgende Positionierungsempfehlungen für eine Abbildung oder ein Objekt geben: [h] hier, [t] am oberen Seitenrand (engl. top), [b] am unteren Seitenrand (engl. bottom) und [p] auf eigener Seite (engl. page). Sie sollten mit Ihren Positionierungswünschen sehr sparsam umgehen. LaTeX hat ein sehr gutes Gespür dafür, wo »floating Objekte« am sinnvollsten positioniert werden.

Es gibt keine Gewähr dafür, das LaTeX Ihrer Empfehlung folgt. Selbst dann nicht, wenn Sie Ihrem Wunsch mit einem Ausrufezeichen Nachdruck verleihen.

Den Befehl \huge für die Schriftgröße kennen Sie schon. Mit dem Befehl »\makebox« legen Sie eine Box ohne Rahmen fest, die eine Breite von [110 mm] hat und den Text [l]inks ausrichtet. Der {Text wird dabei in geschweifte Klammern gesetzt}.

Mit dem Befehl »\«raisebox wird eine weitere Box ohne Rahmen erzeugt, die durch den Befehl »\depth« unter der ersten Box liegt. Mit dem Befehl »\scalebox« wird der Boxinhalt skaliert. Dabei gibt der erste Parameter {1} eine horizontale Skalierung von 1 und der zweite Parameter [-2] eine vertikale Skalierung von 2 an, wobei wegen dem negativen Vorzeichen

146

der Text nach unten gespiegelt wird. Der Text wird also in der Höhe verdoppelt und gespiegelt, aber bleibt in der Breite unverändert.

Auch im Text können Sie einzelne Worte kippen oder drehen. Dazu ein kleines Beispiel:

```
\documentclass[paper=A5,fontsize=11pt]{scrbook}
\usepackage{rotating}

\begin{document}

In den Alpen geht es nicht nur \rotatebox{28}{bergauf} sondern
auch immer wieder mal \rotatebox{-20}{bergab} und in den Kurven
mal scharf nach \rotatebox{90}{links} und dann auch wieder scharf
 nach \rotatebox{-90}{rechts.}

\end{document}
```

Erfordert das Paket »rotating«.

Listing 75: Gekippte Worte

In den Alpen geht es nicht nur *bergauf* sondern auch immer wieder mal *bergab* und in den Kurven mal scharf nach *links* und dann wieder scharf nach *rechts* .

Wenn Ihnen die Informationen im Kapitel Grundlagen ab Seite 53 nicht ausreichen, weil Sie beim Üben auf Probleme stoßen, dann finden Sie ab Seite 177 nochmal einige komplette Beispiele für Buchautoren. Dabei sind diese Listings vollständig und können nach dem Abtippen ohne weiteres Zutun in eine PDF-Datei übersetzt werden. Alle Beispiele enthalten mit Ausnahme unterschiedlicher Zusatzpakete (meist eine Zeile) die gleiche Präambel, sodass Sie den gleichbleibenden Teil nicht neu eintippen müssen. Weitere Hilfe finden Sie in den Literatur-

Komplette Beispiele ab Seite 177!

empfehlungen ab Seite 223 im Anhang oder auch im Internet. Einige informative Webseiten habe ich im Anhang ab Seite 193 aufgeführt.

Achten Sie auf die Klammern. Am Ende stehen zwei geschweifte Klammern.

```
\shadowbox{\fontsize{2em}{2em}\selectfont\textbf{Viel Spaß beim Ü
ben.}}
```

Listing 76: Text in einer Schattenbox

Viel Spaß beim Üben.

11.1 SI-Einheiten und Maßeinheiten

Die Abkürzung SI leitet sich aus dem französischen »Système international d'unités« ab.

Im internationalen Einheitensystem SI sind die Basisgrößen Meter (m) für Strecken und Längen, Kilogramm (kg) für Massen, Sekunde (s) für die Zeit, Ampere (A) für die Stromstärke, Kelvin (K) für die Temperatur, Mol (mol) für die Stoffmenge und Candela (cd) für die Lichtstärke definiert.

Eine Geschwindigkeit v von zum Beispiel 100 m pro Sekunde lässt sich als Formel auf verschiedene Art darstellen. Links ist der Ausdruck zu sehen, und rechts die zugehörige Editoreingabe.

Mit dem Dollarzeichen wird der Mathematikmodus an- und abgeschaltet.

$v = 100\,\mathrm{m\,s^{-1}}$ `$v=\SI{100}{m.s^{-1}}$`

$v = 100\,\mathrm{m/s}$ `$v=\SI{100}{m/s}$`

$v = 100\,\frac{\mathrm{m}}{\mathrm{s}}$ `$v=\SI{100}{\frac{m}{s}}$`

Wer Maßeinheiten in seinem Text angeben will, kann dazu unter anderem einen der folgenden Befehle aus dem SI-Paket benutzen:

148

LaTeX-Befehl	Maßeinheit	Bedeutung
\si{\degreeCelsius}	°C	Temperatur in Grad Celsius
\si{\ohm}	Ω	elektrischer Widerstand
\si{\micro}	µ	millionstel

Über weitere Maßeinheiten und Möglichkeiten kann man in der Info zum SI-Paket nachlesen, sofern man diese als Buchautor überhaupt benötigt.

Paket *siunitx*

11.2 Tabellen

Eine ganz einfache Tabelle, die mit Tabulatoren arbeitet, hatte ich im Kapitel 7.14 ab Seite 99 vorgestellt. Etwas feinere Arten finden Sie hier. So erstellt man im Editor eine einfache Tabelle mit vier Spalten:

```
\begin{table}%
\begin{tabular}{lllr}% Ausrichtung der vier Spalten
\hline
Kontinent & Land & Hauptstadt & Einwohner\\
\hline
Europa & Deutschland & Berlin  & $3,5\times10^{6}$\\
Europa & Frankreich & Paris & $2,3\times10^{6}$\\
Europa & England & London  & $8,2\times10^{6}$\\
Amerika & USA & Washington D.C. & $0,7\times10^{6}$\\
\hline
\end{tabular}
\caption{Und so sieht die einfache Tabelle aus.}
\end{table}
```

Mit der Angabe **{lllr}** werden die ersten drei Spalten linksbündig und die letzte Spalte rechtsbündig ausgerichtet.

Listing 77: Einfache Tabelle mit vier Spalten

Wer will, kann natürlich auch nach jeder Zeile eine Trennlinie mit dem Befehl »\hline« einfügen, was aber meiner Meinung nach die Tabelle nicht übersichtlicher macht. Und Sie wissen es ja inzwischen. LaTeX legt Wert auf Klarheit und Übersichtlichkeit.

Die Tabelle sehen Sie auf der nächsten Seite.

Kontinent	Land	Hauptstadt	Einwohner
Europa	Deutschland	Berlin	$3,5 \times 10^6$
Europa	Frankreich	Paris	$2,3 \times 10^6$
Europa	England	London	$8,2 \times 10^6$
Amerika	USA	Washington D.C.	$0,7 \times 10^6$

Tabelle 7: Und so sieht die einfache Tabelle aus.

Um die Tabelle auch mit senkrechten Trennlinien zu versehen, muss nur die zweite Zeile aus dem Listing 77 wie folgt abgeändert werden:

```
\begin{tabular}{|l|l|l|r|}% Beachten Sie die senkrechten Striche
```

Listing 78: Tabelle mit senkrechten Trennlinien

Kontinent	Land	Hauptstadt	Einwohner
Europa	Deutschland	Berlin	$3,5 \times 10^6$
Europa	Frankreich	Paris	$2,3 \times 10^6$
Europa	England	London	$8,2 \times 10^6$
Amerika	USA	Washington D.C.	$0,7 \times 10^6$

Tabelle 8: Eine Tabelle mit senkrechten Trennlinien.

Das Tabellen auch im Querformat kein Problem für LaTeX sind, kann man auf Seite 101 sehen. Das ist nützlich, wenn für breite Tabellen die Seitenbreite nicht reicht, aber die Seitenhöhe genügend Platz für die Tabelle im Querformat bietet. Dazu muss man nur vor der Zeile »\begin{tabular}...« die Zeile \begin{sideways} und hinter der Zeile »\end{tabular}« die Zeile \end{sideways} einfügen. In der Präambel wird das Paket »rotating« benötigt.

11.3 Mathematik & Geometrie

Für komplexe mathematische Formeln müssen meist die ams-Pakete im Präambel-Teil des Dokumentes geladen werden. Einfache mathematische Befehle benötigen kein Zusatzpaket.

```
\usepackage{amsmath,amsfonts,amssymb}
```

Listing 79: Mathematik Pakete nachladen

Hier ein Beispiel aus wikibooks.org [13]

$$F = \sqrt{s(s-a)(s-b)(s-c)}$$

$$s := \frac{a+b+c}{2}$$

Und das ist der Code dafür:

```
\setlength{\unitlength}{8mm}% Längeneinheit
\begin{picture}(9,5)% Breite, Höhe (nur Zahlen!)
\thicklines
\put(1,0.5){\line(2,1){3}}
\put(4,2){\line(-2,1){2}}
\put(2,3){\line(-2,-5){1}}
\put(0.6,0.3){$A$}
\put(4.05,1.9){$B$}
\put(1.6,2.95){$C$}
\put(3.1,2.5){$a$}
\put(1.2,1.7){$b$}
\put(2.5,1.00){$c$}
\put(0.3,4){$F=\sqrt{s(s-a)(s-b)(s-c)}$}
\put(5.5,0.4){$\displaystyle s:=\frac{a+b+c}{2}$}
\end{picture}
\setlength{\unitlength}{1mm}% Wieder auf meinen Standard setzen
```

Am Anfang wird die »unitlength« auf 8 mm gesetzt. Damit ergibt sich eine Bildfläche von 72 × 40 mm. Am Ende nicht vergessen, die »unitlength« wieder auf Standard zu setzen.

Listing 80: Formeln und Dreieck

11.4 Chemische Formeln

Natürlich sind mit einem wissenschaftlichen Textsatzsystem wie LaTeX auch chemische Formeln darzustellen. Dazu muss das Paket »mhchem« in der Präambel geladen werden. Eine ganz einfache Form zeigt das folgende Beispiel.

$$[\text{Cu}(\text{NH}_3)_4]\text{SO}_4$$

Die erste und dritte Zeile dienen nur der zentrierten Darstellung und haben mit der chemischen Formel nichts zu tun.

Der Eingabecode dafür sieht auch einfach aus:

```
1 \begin{center}
2 \ce{[Cu(NH3)4]SO4}% Diese Zeile ergibt obige Formel
3 \end{center}
```

Listing 81: Einfache chemische Formel

Und hier noch ein vereinfachtes Beispiel aus der »chemfig«-Paket-Dokumentation.

```
\chemfig{N*6(---N(-S(=[::+120]O)(=[::+0]O)-[::-60]*6(-=-(-O)
=(-*6(=N-*5((--[::-60]-[::+60])=N-N-=)---N(-H)-))-=))---)}
```

11.5 Grafiken

Grafiken mit Linien und Kreisen können mit der »picture«
Umgebung direkt in LaTeX erstellt werden:

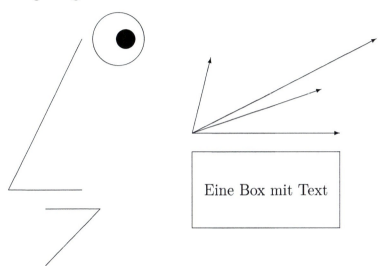

Einen Link zu
weiteren **Beispie-
len** finden Sie
im Anhang ab
Seite 193 unter
LaTeX/Picture.

```
\setlength{\unitlength}{1mm}%
\begin{picture}(110,75)(0,0)% Breite,Höhe und Offset x,y
\put(10,20){\line(1,0){20}}% Nase, waagerecht
\put(10,20){\line(1,2){20}}% Nase, Steigung
\put(20,15){\line(1,0){15}}% Linie waagerecht, Mund
\put(20,00){\line(1,1){15}}% Linie 45 Grad Steigung, Mund
\put(60,10){\framebox(40,20) {Eine Box mit Text}}\\
\put(40,60){\circle{30}}\\% Kreis, Auge
\put(42,60){\circle*{10}}\\% Kreis gefüllt, Auge
\put(60,35){\vector(1,0){40}}% Pfeile
\put(60,35){\vector(3,1){35}}
\put(60,35){\vector(2,1){50}}
\put(60,35){\vector(1,4){5}}
\end{picture}
```

Listing 82: Linien, Kreise und eine Textbox

Hinweis: Die picture-Umgebung akzeptiert nur Kreise (circle)
bis max. 14 mm Durchmesser und auch darunter sind nicht alle
Werte möglich[13].

153

Viele weitere Beispiele, welche Art von Grafiken sich mit einfachen Befehlen erstellen lassen, findet man auf wikibooks.org[13].

Wenn man das Paket »graphpap« in der Präambel nachlädt (»\usepackage{graphpap}«) kann man Gitternetze mit wenigen Zeilen Text erstellen. Hier ein Beispiel in Anlehnung aus dem Buch „LaTeX – Das Praxisbuch" [5]:

```
1 \setlength{\unitlength}{0.25mm}% Einheitenfestlegung
2 \begin{picture}(450,200)(-20,-40)% Grafikplatz 450x200 Einheiten
3 \graphpaper(0,0)(400,150)% Gitternetz x von 0-400, y von 0-150
4 \end{picture}
```

Listing 83: Gitternetz

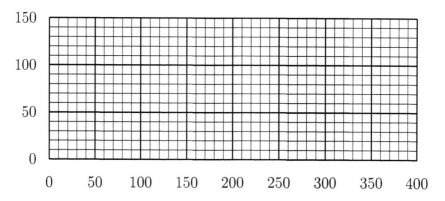

- In **Zeile 1** wird die Maßeinheit festgelegt, auf die sich die folgenden Wertangaben beziehen.
- In **Zeile 2** wird der Rahmen der Grafik festgelegt. Das ist der Platz auf der Seite, der für die Grafik frei gehalten wird. Die letzten beiden negativen Werte geben die Verschiebung nach rechts und nach oben an, damit die Zahlen am Gitternetz innerhalb des reservierten Platzes untergebracht werden können.

- In **Zeile 3** wird das Gitternetz gezeichnet. Dabei stehen die ersten beiden Werte für die Startwerte des Gitternetzes und die letzten beiden Werte für die Endwerte des Gitternetzes.

TikZ ist kein Zeichenprogramm, aber mit dem Einbinden des Paketes »TikZ« in der Präambel ist es möglich, mit wenigen Zeilen Text, tolle Grafiken zu erzeugen. Hier ein paar Beispiele.

TikZ
ist
kein
Zeichenprogramm

```
1  \begin{tikzpicture}
2  \foreach \r in {2.5, 2.0,..., 0.5}% 5 Figuren Abst. 0.5
3  \foreach \i in {0,...,5}% 6 Linien, 6 Ecken
4  \draw (360/6*\i:\r cm) -- ({360/6*(\i+1)}:\r cm);%
5  \end{tikzpicture}
```

Listing 84: Verschachtelte Sechsecke

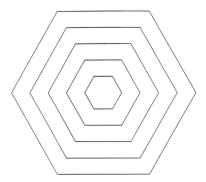

Aus dem Abstand der Radiusangabe in Zeile 2 erkennt das Programm den Abstand zwischen den verschiedenen Radien (hier jeweils 0.5 cm). Von 2.5 bis 0.5 ergibt das fünf Radien. Der innere Schleifenzähler »i« zählt von 0 bis 5 und veranlasst damit das Zeichnen von sechs Linien. Der Winkel der Linien zueinander beträgt laut Zeile 4 (360/6)=60 Grad.

Und noch ein kleines Beispiel in Farbe. Ein blauer Ballon und ein schwarzer Pfeil mit jeweils nur einer Zeile Text (zwischen dem »begin«- und »ende«-Befehl.

```
1 \begin{tikzpicture}
2 \shade[ball color=blue] (6,0) circle (3.0);% Ball
3 \draw[->, line width=4pt] (-1.5cm,-3.2) -- (3.0cm,-1.1);% Pfeil
4 \end{tikzpicture}
```

Listing 85: TikZ – Ein blauer Ballon platzt gleich

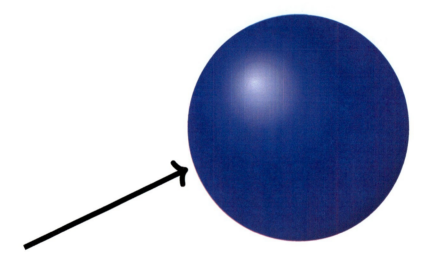

Viele weitere Informationen und Beispiele zu TikZ findet man im Internet zum Beispiel in diesem englischsprachigen Tutorial von Dr. Paul Schmidt [9] oder im deutschsprachigen TeXWelt-Forum [7]. Ein über 1000 Seiten sehr ausführliches englisches Manual von Till Tantau findet man unter [11].

Die Beispiele aus diesem Buch können Sie bei mir bestellen. Datenträger CD/DvD, Verpackung und Porto zusammen kosten aktuell drei Euro. Angabe gilt nur für Versand innerhalb Deutschlands.

156

11.6 PSTricks – Das Grafikpaket

Als TeX entwickelt wurde, dachte man weniger an grafische Möglichkeiten, als an die Darstellung wissenschaftlicher Texte und Formeln. Mit LaTeX wurden die grafischen Fähigkeiten zwar erweitert, aber im Prinzip waren sie immer noch bescheiden gegenüber den mittlerweile gewachsenen Ansprüchen. Es wurden daher die verschiedensten Zusatzpakete entwickelt, um die Grafikfähigkeit deutlich zu erweitern. Viele dieser Pakete hat man unter dem Paketnamen PSTricks zusammengefasst. Herbert Voß hat eine umfangreiche Beschreibung in seinem Buch PSTricks [12] zusammengefasst.

Das Bild zeigt die Borromäischen Ringe in Abwandlung eines Beispiels in [12] von Herbert Voß.

Um »PSTricks« zu verwenden, benötigen Sie das Paket »pstricks«. Laden Sie es mit »\usepackage« im Präambelbereich nach. Für die Borromäischen Ringe ist auch noch das Paket »pst-knot« erforderlich und für die Erdkugel auf Seite 159 ist auch noch das Paket »pst-geo« erforderlich. Laden Sie die Pakete in gleicher Weise nach, wenn Sie die Beispiele testen wollen.

Außerdem sollten Sie in den TeXMAKER-Einstellungen noch eine Änderung vornehmen, wie das folgende Bild (Abb. 13) zeigt.

Manche PSTricks erfordern die Übersetzung mit XeLaTeX, um aus den Vektorgrafiken eine PDF-Datei zu machen.

Wählen Sie im Menü »Optionen – Texmaker konfigurieren« aus und klicken darauf. Klicken Sie dann links auf »Schnelles Übersetzen« und wählen den rot markierten Menüpunkt »XeLaTeX + PDF anzeigen« aus. Klicken Sie dann auf OK und verlassen die Konfiguration wieder. Statt die Konfiguration zu verändern, können Sie bei Dokumenten mit PSTricks-Grafiken die Übersetzung auch über das Menü »Werkzeuge – XeLaTeX« starten. Allerdings müssten Sie dann anschließend noch auf PDF ansehen klicken. Die Variante aus Abb. 13 ist einfacher.

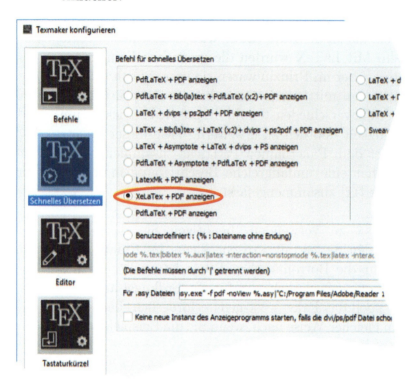

Abb. 13: TeXMAKER Konfiguration für PSTricks

Ich zeige Ihnen nachfolgend noch ein paar PS-Tricks-Beispiele, ohne diese näher zu erklären. Sie sollen nur sehen, was mit LaTeX und seinen Ergänzungen möglich ist.

```
\begin{pspicture}(2,1)% Beispiel zeichnet Ordnersymbol
  \pspolygon[linearc=2pt,shadow=true,
    shadowangle=45](0,0)(0,1.1)(0.2,1.1)%
    (0.2,1.2)(0.8,1.2)(0.8,1.05)(2,1.05)(2,0)
\end{pspicture}
```

Listing 86: Ordnersymbol

Und nachfolgend noch ein schönes Beispiel, wie man mit wenigen Textzeilen unsere Erde aus beliebigem Sichtwinkel zeichnen kann.

Abb. 14: Unsere Erde

Rahlstedt im roten Fadenkreuz auf dem 10. Längengrad und dem 53. Breitengrad (Genau: Ost 10.146405 / Nord 53.583961). Das folgende Listing 87 zeigt, wie einfach das mit den passenden Grafikpaketen ist.

In **Zeile 2** wird die Zeichenfläche festgelegt und in **Zeile 3** wird mit dem Wert von »unit« die Größe eingestellt. Auch der Wert »Decran« beeinflußt die Größe der Erdkugel. In **Zeile 6 und 7** werden die Koordinatenwerte für den gewünschten Ort angegeben.

```
1  % Die roten Linien sind Längen- und Breitengrad für Hamburg-
   Rahlstedt
2  \begin{pspicture}(0,-6)(-6,6)%
3  \psset{unit=2.0,RotX=-15,RotZ=60,PHI=66.58,% Rotation
4    THETA=0.33,Decran=11,path=pst-geo/data}
5  \WorldMapThreeD[circles=false,opacity=0.7]
6  \psmeridien{10.146}
7  \psparallel{53.5839}
8  \end{pspicture}
```

Listing 87: Einige Zeilen Text zeichnen unsere Erde

Das Listing 87 ergibt die Variante der Erdkugel auf der Vorseite. Die noch größere Version hier im Hintergrund habe ich durch Ändern einiger Parameter und Weglassen der Koordinaten aus der Ursprungsversion erzeugt. So sieht das zugehörige Listing aus:

```
1  \begin{pspicture}(1.5,8)(-1.5,11)%
2  \psset{unit=2.0,RotX=-15,RotZ=30,PHI=36.58,% Rotation
3  THETA=0.33,Decran=15,gridmap=false,bordercolor=white,islandcolor=
   white, path=pst-geo/data}
4  \WorldMapThreeD[circles=false,
5    opacity=0.5]% Transparenz
6  \end{pspicture}
```

Listing 88: Die Erde als Wasserzeichen

LaTeX und seine Zusatzpakete bieten aber noch viel mehr. Wenn ich Ihr Interesse an LaTeX geweckt habe, würde ich mich sehr freuen.

160

12 Fehlermeldungen und Fehlerbehebung

Unsere Fehlschläge sind oft erfolgreicher als unsere Erfolge.

(Henry Ford (1863 – 1947), Gründer der Ford Motor Company)

Häufig sind fehlende Angaben in der Präambel der Grund für Fehlermeldungen. Meist fehlen dann irgendwelche Pakete, die für bestimmte Funktionen benötigt werden. Als Buchautor sollten Sie sich eine Präambel zusammenstellen und testen, die Ihren Anforderungen entspricht. Wenn diese einmal fehlerfrei ist, können Sie diese für alle Ihre Projekte verwenden. Pakete zur Behandlung mathematischer oder chemischer Formeln sollten Sie nur laden, wenn diese in Ihrem Buchprojekt auch benötigt werden. Sie kommen mit wenigen Standardeintragungen aus, die Sie dann für alle ähnlichen Bücher wieder verwenden (kopieren) können. Dazu gehören die Dokumentenklasse *scrbook* sowie Angaben über das Papierformat, die Schriftart und Schriftgröße des Standardtextes, alle benötigten Pakete (zum Beispiel für die Darstellung deutscher Umlaute) und falls erforderlich, die Definition eigener oder die Umdefinition bestehender Befehle.

MiKTeX lädt Pakete, die in der Präambel angegeben werden, beim ersten Aufruf automatisch aus dem Internet nach, wenn eine Verbindung besteht. In Zeiten der Flatrates dürfte das kein Problem sein.

Wenn Fehlermeldungen auftreten, nachdem Sie ein Zusatzpaket geladen haben, und Sie den Fehler nicht finden können, sollten Sie dieses Paket zunächst wieder entfernen und die zugehörigen Textzeilen löschen oder mit dem Prozentzeichen am Zeilenanfang als Kommentar kennzeichnen. Tritt der Fehler dann beim Übersetzen nicht mehr auf, liegt der Fehler tat-

Beginnen Sie mit der Fehlersuche immer beim ersten Fehler. Oft liegt der Fehler auch oberhalb der angezeigten Zeilennummer.

sächlich am zuletzt zugeladenen Paket oder einem Fehler in Ihrem Text dazu. Lesen Sie dann zunächst die Paketinformation des gewünschten Zusatzpaketes durch und versuchen Sie es nach Zwischensicherung Ihres Dokumentes dann erneut, das neue Paket zu laden und die gewünschte Funktion einzugeben. Achten Sie immer auf richtige Schreibweise. LaTeX achtet sehr genau auch auf Groß- und Kleinschreibung.

LaTeX unterscheidet sehr genau **Groß- und Kleinschreibung.**

Im Übrigen müssen Sie keine übertriebene Angst vor Fehlermeldungen haben. TeXMAKER erläutert den Fehler meist so genau, wenn auch nur in englischer Sprache, dass Sie schnell auf die Fehlerursache stoßen. Bei Zeilennummern, die über sehr viele Zeilen im Editor verteilt sind, können Sie ruhig jede Zeile mit einem »Return« bzw. »Enter« abschließen, da TeXMAKER daraus keinen Zeilenvorschub macht. Wiederholen Sie dann den Übersetzungslauf. Die Angabe, wo der Fehler liegt, erfolgt jetzt aber präziser, nicht für einen langen Absatz, sondern exakt für die Zeile mit dem Problem.

Die dort nicht hin gehörende öffnende Klammer in der vierten Zeile zu finden, ist schwerer, wenn als Fehlerangabe »Zeile 2561« angegeben wird, und leichter, wenn die Fehlerangabe »Zeile 2564« lautet.

```
2561 Wenn Fehlermeldungen auftauchen, ist es schwer, den
     Fehler einzukreisen, wenn sich der Eingabetext über
     viele Zeilen erstreckt. Besser ist es dann, im
     Editor die Zeilen manuell mit der {ENTER-Taste
     umzubrechen, wodurch eine neue Zeilennummer erzeugt
     wird.
```

```
2561 Wenn Fehlermeldungen auftauchen, ist es schwer, den
2562 Fehler einzukreisen, wenn sich der Eingabetext über
2563 viele Zeilen erstreckt. Besser ist es dann, im
2564 Editor die Zeilen manuell mit der {ENTER-Taste
2565 umzubrechen, wodurch eine neue Zeilennummer erzeugt
2566 wird.
```

Listing 89: Erleichtern Sie sich die Fehlersuche durch häufigere Zeilenumbrüche im Editor. Diese erscheinen nicht im Ausdruck!

12.1 Ein Minimalbeispiel hilft

Wenn Sie in Foren nach einer Problemlösung fragen, wird das meist nur möglich sein, wenn Sie Ihren Text zur Verfügung stellen, in dem das Problem besteht bzw. auftritt. Nun müssen sie nicht Ihr gesamtes Buch mit über 300 Seiten dort hochladen, aber andererseits reicht es meistens auch nicht aus, die als fehlerhaft gemeldete Textzeile den fleißigen (freiwilligen!) Helfern zur Verfügung zu stellen.

Meistens wird von Seiten des Hilfesuchenden ein sogenanntes »Minimalbeispiel« gefordert, an dem sich der Fehler reproduzierbar nachvollziehen lässt. Bitte darauf achten, immer nur die Frage und das Beispiel für »ein« Problem zu stellen und nicht mehrere Probleme in einer Frage vermischen. Es klingt etwas lustig, aber trifft oft zu. Während Sie das Minimalbeispiel erstellen, fällt Ihnen der Fehler selber auf und Sie müssen die Frage nicht mehr öffentlich stellen. Das ist (im Stillen) auch ein wenig so gewollt, weil sie dabei am meisten lernen. Ein Minimalbeispiel hat gegenüber einzelnen Codezeilen oder Codeschnipseln den Vorteil, dass alle, die helfen wollen, es einfach in ihren Editor laden können. Dann sollte es sich übersetzen lassen und hoffentlich den von Ihnen bemerkten Fehler aufzeigen. Übrigens werden Fehler unterhalb des Quelltextes (den Sie eingeben) angezeigt, wenn Sie im TeXMAKER-Programm im Menü »Ansicht – Meldungen/Logdatei« den Menüpunkt »Meldungen/Logdatei« mit einem Häkchen versehen haben. Das Feld mit den Fehlerangaben und Log-Daten können Sie in der Höhe mit der Maus verändern, wenn Sie die Maus auf der Begrenzungslinie zwischen Textfeld und Meldungsfeld positionieren und dann die Linie bei gedrückter linker Maustaste nach oben oder unten bewegen.

Durch alle Fehler die ich beim Schreiben dieses Buches mit LaTeX gemacht habe, habe ich schon soviel gelernt, dass mir LaTeX einfach nur noch Spaß macht.

Achtung, ganz wichtig: Arbeiten Sie für das Minimalbeispiel nicht an Ihrer Originaldatei und auch nicht im gleichen Verzeichnis, wo Ihre Originaldatei liegt. Wichtige Dateien könnten verloren gehen. Legen Sie ein Testverzeichnis an, kopieren dort alle erforderlichen Dateien hinein und erstellen Sie dort das Minimalbeispiel, indem Sie den Präambel- und den Dokumententeil soweit reduzieren, dass nur noch das Notwendigste erhalten bleibt, um ein funktionierendes Beispiel mit der gleichen Fehlermeldung zu erhalten, wie sie vorher aufgetreten ist. Ersetzen Sie lange Texte durch kürzere oder durch Blindtext[1] und tauschen Sie Bilder durch Dummybilder oder einfache Grafiken annähernd gleicher Größe aus. Achten Sie aber darauf, dass der ursprüngliche Fehler erhalten bleibt, sonst hat das Minimalbeispiel keinen Sinn. Das Ersetzen von Bildern durch den »\rule«-Befehl hat den Vorteil, dass Helfer nicht erste eine Bilddatei passender Größe erstellen müssen, da der »\rule«-Befehl Bestandteil von LaTeX ist. Und umso leichter Sie es den freiwilligen Helfern machen, desto eher können Sie mit einer Antwort oder sogar einer Lösung rechnen.

Ersetzen Sie Bilder durch den Befehl »\rule{b}{h}« wobei Breite und Höhe dem Originalbild entsprechen sollten. Hier ein Beispiel.

Werden Sie aber nicht ungeduldig, wenn eine Antwort doch auf sich warten lässt, und werden Sie keinesfalls unhöflich. Alle »Helfer« arbeiten ehrenamtlich und opfern einen Teil Ihrer Freizeit, um auch Ihnen zu helfen. Eine kurze Vorstellung in einem eigenen Beitrag ist oft erwünscht, aber lassen Sie in Ihrer Frage alle überschwänglichen Begrüßungen und sonstige Floskeln weg.

Ein Beispiel für ein »Minimalbeispiel« findet man bei [3] und weitere Verweise zu einer ausführlichen Erklärung über das Erstellen eines Minimalbeispiels findet man unter »Hilfreiche Webseiten« ab Seite 193.

---

[1]Mit dem Befehl *blindtext* erzeugen Sie einen mehrzeiligen Absatz

12.2 Einige häufige Fehlermeldungen

- **! Extra, or forgotten \endgroup.** indexFehler!Extra, or forgotten end
  Eine schließende Klammer ist zu viel oder es fehlt die Beendigung einer mit \begin { } begonnenen Befehlsgruppe.

- **undefined control sequence**
  Prüfen Sie in der angegebenen Zeile, ob ein Befehl eingegeben wurde, für den kein *usepackage* Befehl in der Präambel besteht. Suchen Sie sonst nach einem Schreibfehler im Befehl.

- **! Package xkeyval Error: '45mm' undefined in families 'Gin'.**
  Bei der Angabe von Breite oder Höhe eines mit »includegraphics« eingebundenen Bildes wurde vergessen »width=« oder »height=« vor die Maßangabe zu setzen.

- **There´s no line here to end**
  Im Bereich der angezeigten Zeilennummer der Fehlermeldung steht ein doppelter Schrägstrich \\, wo er nicht hingehört. In Leerzeilen z. B. haben diese nichts zu suchen. Auch ein Befehl \newline gehört nicht an den Anfang einer Zeile.

- **file ended while scanning** oder **! Paragraph ended before \end was complete.**
  Während des Übersetzens wurde das Dateiende erreicht, ohne dass ein Bereich, der mit \begin{ } begonnen wurde, mit \end{ } abgeschlossen wurde. Die Meldung kann auch erscheinen, wenn eine schließende } Klammer fehlt.

- **? oder ?? an Zitatstellen oder in Verweisen**
  Es ist mindestens noch ein LaTeX-Durchlauf (Übersetzen) erforderlich, bevor die Fragezeichen durch richtige

Angaben ersetzt werden. Bleiben die Fragezeichen bestehen, so sind die Verweise eventuell falsch geschrieben.

- **! Package Error** , Ein unzulässiges Zeichen befindet sich in der gemeldeten Zeile. Oft sind das Umlaute in Listings, da das Paket *listings* keine Umlaute verarbeiten kann, obwohl es im übrigen Text klappt. Abhilfe schafft oft eine Ergänzung in der Präambel, die wie folgt aussieht:

```
% Ermöglicht Umlaute in Listings
\lstset{literate=%
  {Ä}{{\"A}}1
  {Ö}{{\"O}}1
  {Ü}{{\"U}}1
  {ä}{{\"a}}1
  {ö}{{\"o}}1
  {ü}{{\"u}}1
  {ß}{{\ss}}1
}
```

Listing 90: Umlaute in Listings

- **! Misplaced \noalign \hline ->\noalign {ifnum 0= ...}**
  Der Befehl \hline kann nur innerhalb von Tabellen genutzt werden und die Zeile davor muss entweder der Tabellenkopf sein oder aber eine Zeile, die mit dem doppelten Backslash abgeschlossen ist. Benutzen Sie außerhalb von Tabellen den Befehl \hrule.

- **Bad math environment delimiter**
  Verwendung von \[und \] in einer Mathematik Umgebung

- **missing }**
  Es fehlt eine schließende Klammer im Bereich der angezeigten Zeilennummer.

- ***** Erhält man als Fehlermeldung nur einen »*«, hat man wahrscheinlich am Ende des Dokumentes die Zeile mit »\end«{document} vergessen.

12.3 Verschwundene Bilder

Manchmal könnte man »fast« verzweifeln. Da hatte ich in diesem Buch ein paar kleine Ergänzungen vorgenommen und plötzlich waren die Bilder im Anhang »Buchempfehlungen« nicht mehr sichtbar. Die freien Plätze für die Bilder waren weiterhin vorhanden. Ich kopierte daraufhin den gesamten Inhalt des Kapitels »Buchempfehlungen« in meine neue Datei. Ohne Erfolg, die Bilder blieben unsichtbar. Jetzt kopierte ich die komplette Präambel aus der alten in die neue Datei. Nun war nach meiner Meinung alles wieder auf dem alten Stand. Aber die Bilder blieben verschwunden. Plötzlich kam ich auf die zielführende Idee, nach der letzten Ergänzung zu sehen. Das war eine eingefügte Demo-Grafik, die unter anderem den Befehl »\setlength{\unitlength}{1cm}« verwendete. Am Anfang meines Dokumentes hatte ich den Wert »unitlength« aber auf 1mm festgelegt. Da auch die Positionierung der Bilder mit diesen Werten erfolgte, war mir jetzt klar, dass die Bilder wohl weit außerhalb der Seite lagen. Eine kleine Rücksetzung des Wertes nach den Grafiken löste das Problem der fehlenden Bilder dann auch auf. Es lohnt sich also immer, zu schauen, was man zuletzt verändert oder ergänzt hat, nachdem plötzlich ein neuer Fehler auftaucht.

Wo sind meine **Bilder?**

da →

Übersetzen Sie Ihren Text in kurzen Abständen, sodass Sie Fehler frühzeitig bemerken und sich noch daran erinnern können, was Sie zuletzt geändert oder ergänzt haben.

In diesem Zusammenhang ist es ganz wichtig, sich zu merken, dass der Befehl »\picture« nur einen Rahmen festgelegt, der im Text freigehalten wird. Ein »\put«-Befehl bezieht sich aber nur auf die linke untere Ecke des festgelegten picture-Rahmens. Er ignoriert aber Breite und Höhe der Picture-Umgebung, sodass bei falschen Werten für »\put« das Bild völlig außerhalb des Rahmens und eventuell sogar außerhalb der Seite liegen kann.

12.4 Verschwundene Linien

Verzweifelt bin ich bald, als ich eine Tabelle mit den in diesem Buch benutzten Befehlen auf Seite 197 erstellen wollte. Die horizontale Linie, erzeugt mit dem hier im Buch schon oft benutzten Befehl »\hline«, war einfach nicht vorhanden. Auch das Kopieren einer perfekten Tabelle weiter vorne aus dem Buch brachte keinen Erfolg. Die horizontalen Linien tauchten auf dem Bildschirm und in der PDF-Datei nicht auf. Nachdem ich in den vorhandenen LaTeX-Büchern auch keine Lösung oder Fehlerhinweise fand, stieß ich dann im Internet auf eine Tabelle, in der die horizontalen Linien farbig ausgegeben wurden.

Da fiel es mir wie Schuppen von den Augen. Was, wenn die Linien weiß dargestellt werden und daher nicht zu sehen sind? Ich setzte also einfach den Farbbefehl »\arrayrulecolor{black}« vor die Tabelle. Der Erfolg stellte sich sofort ein. Die horizontale Linie in der Tabelle war sichtbar geworden.

Nun musste ich nur noch die Stelle finden, wo die Farbe der Linien auf weiß umgestellt wurde. Mit TeXMAKER ist das nicht schwer, da unter dem Menüpunkt »Bearbeiten« auch eine Suchfunktion vorhanden ist. Und die Suche zeigte mir dann auch die Stelle auf Seite 185, wo ich in einer bunten Tabelle die Trennlinien in weißer Farbe ausgeben will. Der Farb-Befehl ist in Zeile 7 des Listings zu sehen. In Zeile 21 habe ich ihn dann nachträglich wieder auf Standard gesetzt.

Wie bei den schon erwähnten Längeneinheiten, für die LaTeX ein Langzeitgedächtnis besitzt, gilt das also auch für die Farbeinstellung der Trennlinien in einer Tabelle. Es empfiehlt sich also, nach Veränderung des Standards am Ende eines Objektes, den Standard wieder herzustellen. Das kann die Sucherei nach einem Fehler, wie diesen, ersparen.

12.5 Warnungen sind keine Fehler

Bekommen Sie keinen Schreck, wenn Sie im Meldungsfenster in der angezeigten Log-Datei jede Menge Warnungen sehen. LaTeX ist sehr kritisch, was das korrekte Layout betrifft und bemängelt selbst feinste Abweichungen vom Ideal, die meistens nur bei sehr genauem Hinschauen bemerkt werden. Ist in einer Zeile eine Silbentrennung nicht so möglich, dass die Wortabstände unauffällig verringert oder vergrößert werden können und kommt es dadurch zu minimalen Abweichungen der Zeilenlänge vom eigentlichen Satzspiegel, so wird eine Warnung ausgegeben. Dabei gibt es zwei Möglichkeiten, die wie nachfolgend gezeigt oder so ähnlich aussehen können.

»Badbox line 3849 Underfull \hbox (badness 10000 ...«

LaTeX war in diesem Fall gezwungen, eine horizontale Box mit einer bestimmten Breite zu erzeugen. Dabei mussten die Worte soweit auseinandergezogen werden, dass die Dehnung über das erlaubte Maß hinaus erforderlich war. Prüfen Sie die entsprechende Passage im PDF-Fenster und entscheiden Sie, ob der Wortabstand tatsächlich störend groß ist. Wenn ja, versuchen Sie, das Problem durch Ergänzen oder Umstellen von Worten zu lösen.

Für LaTeX ist auch jede Textzeile eine horizontale Box.

»Badbox line 3859 Overfull \hbox (10.88885pt too wide) ...«

LaTeX war in diesem Fall gezwungen, eine horizontale Box mit einer bestimmten Breite zu erzeugen. Dabei war es nicht möglich, die Worte soweit zusammenzudrängen, dass sie in die gedachte Box passten. Die Textzeile wird daher minimal in den Seitenrand hineinragen.

Versuchen Sie in beiden Fällen, durch Wortumstellungen oder Ergänzungen oder auch erzwungene Silbentrennungen eine Verbesserung zu erreichen, wenn Ihnen das Aussehen des Layouts tatsächlich nicht gefällt.

169

Abb. 15: Ein Geschenk aus 2002, das jedes Jahr wieder kommt.

13 Danksagung

Keine Schuld ist dringender, als die, Dank zu sagen.

(Marcus Tullius Cicero (106 v. Chr. – 43 v. Chr.),
römischer Politiker, Schriftsteller und Philosoph)

Zunächst möchte ich mich bei den Entwicklerteams bedanken, die TeX, LaTeX und Co. sowie die Softwarepakete um TeX beziehungsweise LaTeX herum ständig weiterentwickelt haben und auch noch weiter daran arbeiten. Ich habe durch die Erstellung dieses Buches, meinem ersten LaTeX Projekt, schon ein wenig in die Möglichkeiten von LaTeX hineinschnuppern können und ärgere mich ein wenig, dieses Programmpaket nicht schon früher kennengelernt zu haben. Ausgaben für andere Textverarbeitungen und teure Layoutprogramme hätte ich mir ersparen können und das Geld lieber den Entwicklern dieser Programmpakete gespendet. Für die Zukunft weiß ich Bescheid.

Ich danke auch Dr. Uwe Wolter, der dieses Buch in seiner ersten Rohfassung gelesen und mir einige Verbesserungen vorgeschlagen hat. Als Astronom und Astrophysiker an der Hamburger Sternwarte in Bergedorf hat er seine wissenschaftlichen Arbeiten natürlich auch mit TeX und seinen Varianten erstellt und nutzt dieses Programm und seine Fähigkeiten auch heute noch intensiv. Oft arbeitet er auch im Team mit Wissenschaftlern aus verschiedensten Ländern zusammen und jeder arbeitet an einem gemeinsamen Dokument mit. Das ist mit (La)TeX

kein Problem, da außer einem einfachen Texteditor kein bestimmtes Betriebssystem erforderlich ist und auch keine hohen Anforderungen an die Rechnerhardware gestellt werden. Selbst große Dokumente lassen sich so auch problemlos per E-Mail rund um die Erde austauschen, da der Speicherbedarf bescheiden bleibt.

Natürlich danke ich auch allen, die meine Vorabausgaben erworben haben und mir wertvolle Kritik und Änderungswünsche zukommen ließen, die ich noch in diese Ausgabe einarbeiten konnte.

Ausdrücklich bedanken möchte ich mich, stellvertretend für die gesamte Mannschaft, die sich um die Weiterverbreitung von LaTeX durch hilfreiche Bücher bemüht, bei Markus Kohm und Herbert Voß. Aus deren Büchern ich schon viel gelesen und gelernt habe und in Zukunft mein (La)TeX Wissen noch erweitern möchte.

Meiner lieben Marlies danke ich für ihr Verständnis, dass ich fast alle verfügbare Zeit diesem Buch widmen konnte.

Ich möchte auch die vielen Mitglieder in den unterschiedlichsten Foren nicht vergessen. So manchen Tipp oder eine schnelle Problemlösung verdanke ich den fleißigen Helfern dort. Ich kann nur jedem empfehlen, der in LaTeX ernsthaft einsteigen will, sich auch dort umzusehen und sich der Probleme und deren Lösung dort anzunehmen. Man kann dabei sehr viel lernen. Einige Foren habe ich ab Seite 193 aufgelistet.

Ein großer Dank gilt auch der Internetseite »openclipart.org« [6] und ihren Betreibern und Mitgliedern, die mir viele schöne Cliparts für dieses Buch zur Verfügung gestellt haben.

Und einige Korrekturen und Verbesserungen der 3. Auflage sind den Hinweisen von Herrn H. Fetz zu verdanken.

14 Anhang A: Romanvorlage Format A5

```
1  \documentclass[paper=a5,BCOR=8.00mm,DIV=13,twoside,fontsize=12pt,
   headings=small]{scrbook}
2  % [Format A5, BCOR 10mm, DIV -> Satzspiegel, beidseitiger Druck,
   Schriftgröße 12 Pt, Kleine Überschriften] {Buch}
3  \usepackage[T1]{fontenc}% Darstellung der Schriften (Fonts)
4  \usepackage[ngerman]{babel}% Dtsch. Besonderheiten
5  \usepackage[utf8]{inputenc}% Dateikodierung (Quasistandard)
6  \usepackage{microtype}%  Verbesserung PDF-Ausgabe
7  \usepackage{graphicx}% Einbinden von Bildern ermöglichen
8  \usepackage{blindtext}%      Erzeugung Blindtext zum Testen
9  \usepackage{lmodern}%  Schrift
10 \usepackage{titlepage}% SCHMUTZTITEL-Rückseite vorbereiten
11 \TitlePageStyle[pagenumber=1]{KOMAScript}
12 \makeatletter
13 \renewcommand*{\makepretitleback}{%
14   \ifx\@extratitle\@empty\else\begin{titlepage}\@fontispiz\end{
     titlepage}\fi}%
15 \newcommand{\fontispiz}[1]{\renewcommand*{\@fontispiz}{#1}}%
16 \newcommand*{\@fontispiz}{}%
17 \makeatother
18 \setcounter{secnumdepth}{-1}% Keine Kapitelnummern
19 \extratitle{% SCHMUTZTITEL anlegen mit Verlagslogo (Seite 1)
20 \begin{center}%
21 \vspace*{6cm}% Abstand zum oberen Seitenrand
22 \Huge% Großschrift einschalten
23 IHR BUCHTITEL % <<<<< SCHMUTZTITEL hier eingeben
24 \end{center}%
25 \vspace{40mm}
26 \begin{figure}[h]
27 \centering
28 %\includegraphics{BoD-Logo}% Verlagslogo, hier mit % deaktiviert
29 \end{figure}}% Ende Extratitel
30 % TITELBLATT und TITEL-Rückseite (S.3 und 4)
31 \title{IHR BUCHTITEL}% Hier nochmal Titel (S.3) eingeben
32 \subtitle{IHR UNTERTITEL}% <<<<< Hier Untertitel eingeben
33 \author{Max Mustermann}
34 \date{1. Auf\/lage, November 2018}%

36 % Hier folgt alles für Seite 4
37 \lowertitleback{Bibliografische Information der Deutschen
   Nationalbibliothek:
```

Listing 91: Komplette Romanvorlage – Erster Teil

```
38 | Die Deutsche Nationalbibliothek verzeichnet diese Publikation in der
   | Deutschen Nationalbibliografie; detaillierte bibliografische Daten
   | sind im Internet über
39 | www.dnb.de abrufbar. \\
40 | \\
41 | \copyright 2018 Arthur C. Buchautor, 1. Auf\/lage November 2018\\
42 | \\
43 | Herstellung und Verlag: BoD - Books on Demand, Norderstedt\\
44 | \\
45 | ISBN: 978-3-xxxx-xxxx-x\\% ISBN-Nummer

47 | \begin{footnotesize}\textit{HIER können sie ggfs. noch Anmerkungen
   | eintragen.}\end{footnotesize}
48 | }% end lowertitleback
49 | \begin{document}%
50 | \setlength{\parindent}{5mm}% Einrücken erste Absatz-Zeile festlegen
51 | \fontispiz{% SCHMUTZTITEL festlegen (Rückseite 2)
52 | \centering
53 | \vspace*{10cm}% Abstand vom oberen Seitenrand
54 | HIER Text für Schmutztitel-Rückseite eingeben oder freilassen. Sie kö
   | nnen auch eine Danksagung unterbringen oder einfach einen klugen Text.
55 | }%
56 | \maketitle% Titelseite erstellen
57 | \cleardoublepage
58 | \begingroup
59 |   \renewcommand*{\chapterpagestyle}{empty}
60 |   \pagestyle{empty}
61 |   \tableofcontents
62 |   \cleardoublepage
63 | \endgroup
64 | \chapter{Die blaue Bank}
65 | \blindtext

67 | \blindtext
68 | \section{Wie alles begann}
69 | \blindtext \blindtext \blindtext
70 | \end{document}
```

Listing 92: Komplette Romanvorlage – Zweiter Teil

Dieses Beispiel mit den 70 Zeilen für ein Buch im Format A5 entspricht im Wesentlichen den im Einzelnen erläuterten Beispielen ab Seite 129, hier nochmal übersichtlich zusammengefasst. Für Ihre eigenen Bücher müssen Sie folgende Zeilen anpassen:

- **Zeile 1:** Ggfs. Bindungsabzug und die Schriftgröße ändern.
- **Zeile 9:** Ggfs. die Schrift
- **Zeile 18:** Durch den Wert »-1« werden keine **Kapitelnummern** erzeugt. Mit dem Wert »1« erzeugen Sie Kapitelnummern und mit dem Wert »2« werden auch Unterkapitel (sections) durchnummeriert.
- **Zeile 21:** Abstand ggfs. verändern
- **Zeile 23:** Hier geben Sie Ihren **Buchtitel** für Seite 1 ein
- **Zeile 28:** Hier können Sie das **Verlagslogo** angeben
- **Zeile 31:** Hier geben Sie Ihren **Buchtitel** für Seite 3 ein
- **Zeile 32:** Hier geben Sie einen **Untertitel** für Seite 3 ein
- **Zeile 33:** Hier geben Sie den **Autor** ein
- **Zeile 34:** Hier geben Sie Informationen zur **Auflage** ein
- **Zeile 41:** Hier geben Sie **Copyright Informationen** ein
- **Zeile 43:** Hier geben Sie **Hersteller und Verlag** an
- **Zeile 45:** Hier geben Sie die **ISBN** ein
- **Zeile 47:** Ggfs. Anmerkung für Seite 4 eingeben
- **Zeile 50:** Einrücken erste Absatzzeile ggfs. ändern
- **Zeile 53:** Abstand ggfs. verändern
- **Zeile 54:** Ggfs. Anmerkung für Seite 2 eingeben
- **Zeile 60 – 62:** Weglassen, wenn Sie kein **Inhaltsverzeichnis** haben wollen.
- **Zeile 64:** Ab hier beginnt Ihr Text mit oder ohne Kapitelüberschriften. Zum Testen geben Sie einfach wie abgebildet in den Zeilen 65 und 67 den Befehl »\blindtext« mit einer Leerzeile dazwischen ein. So können Sie auf der ersten Textseite den Abstand der Absätze beurteilen und ob Ihnen das Einrücken der ersten Absatzzeile gefällt.

Abb. 16: Das Layout der ersten Seiten des Testbuches.
Oben: Schmutztitel und Rückseite mit Anmerkung.
Mitte: Titelseite und Rückseite mit ISBN Hinweis.
Unten: Inhaltsverzeichnis und erste Textseite.

15 Anhang B: Kleine Beispiele

Hier folgen noch ein paar Beispiele mit kompletten Listings. Sie können sofort sehen, welche Zusatzpakete für eine bestimmte Funktion erforderlich sind.

15.1 Schriftauszeichnungen – Fett, kursiv usw.

Nachfolgend finden Sie Beispiele für Text in verschiedenen Schreibweisen, wie fett, kursiv und andere Varianten. Für Unterstreichungen wird das »ulem«-Paket in der Präambel benötigt.Beim Laden des Paketes ist die Option [normalem] anzugeben, da sonst Worte unterstrichen werden, die eigentlich mit dem Befehl »\emph« nur hervorgehoben werden sollen.

Dieser Absatz beginnt mit einem Satz in Standardschrift. Das Listing dafür folgt auf der nächsten Seite. In diesem Satz sind **drei fette Worte** versteckt, obwohl man sie sofort erkennen sollte. Und dieser Satz enthält *vier Worte in Kursivschrift*. Natürlich lassen sich **fett** und *kursiv* auch mischen und sehen dann ***so aus, wie hier***. Die folgenden Worte sind unterstrichen. Man kann bei LaTeX aber auch schon ~~geschriebene Worte~~ durchstreichen, wie sie hier im Text sehen können. Und wenn ~~durchstreichen~~ manchmal nicht reicht, kann man Worte auch fast unlesbar machen. Und wer an der Küste lebt, liebt vielleicht die Wellenlinie unter den Worten. KAPITÄLCHEN IM EINSATZ, UM EINEN TEXT HERVORZUHEBEN. OFT WERDEN ÜBERSCHRIFTEN IN KAPITÄLCHEN GESETZT.

Hier unten finden Sie das Listing als komplettes Dokument mit vollständiger Präambel für den obigen Absatz. Als zusätzliches Paket wird lediglich »ulem« für die Unterstreichungen und Durchstreichungen benötigt. Fett- oder Kursivschrift, sowie die Kapitälchen[1] benötigen kein Extrapaket.

```
\documentclass[paper=A5  % Papierformat
,fontsize=12pt           % Schriftgröße
,BCOR=8mm                % Bindungsabzug Innenseite war 8mm
,DIV=18                  % Satzspiegel (13-18 mögl.)
,twoside=true            % zweiseitiger Satzspiegel
,pagesize=auto           %
]{scrbook}
\usepackage[normalem]{ulem}    % für Unterstreichungen

\begin{document}
Dieser Absatz beginnt mit einem Satz in Standardschrift. Das Listing
dafür folgt auf der nächsten Seite. In diesem Satz sind \textbf{drei
fette Worte} versteckt, obwohl man sie sofort erkennen sollte. Und
dieser Satz enthält \textit{vier Worte in Kursivschrift}. Natürlich
lassen sich \textbf{fett} und \textit{kursiv} auch mischen und sehen
dann \textbf{\textit{so aus, wie hier}}. Die folgenden Worte \uline{
sind unterstrichen}. Man kann bei LaTeX aber auch schon \sout{
geschriebene Worte} durchstreichen, wie sie hier im Text sehen können.
 Und wenn \sout{durchstreichen} manchmal nicht reicht, kann man Worte
auch \xout{fast unlesbar} machen. Und wer an der Küste lebt, liebt
vielleicht \uwave{die Wellenlinie} unter den Worten. \textsc{Kapitä
lchen im Einsatz, um einen Text hervorzuheben. Oft werden Ü
berschriften in Kapitälchen gesetzt. \\
\end{document}
```

Listing 93: Verschiedene Schriftauszeichnungen

---

[1]Kapitälchen sind Kleinbuchstaben in der Form von Großbuchstaben. Sie werden zur Hervorhebung in der Typografie anstelle von normalen Kleinbuchstaben verwendet.

Die Eingabe im TeX-Editor	Die Funktion (PDF-Ausgabe)
\textbf{Fettdruck}	**Fettdruck**
\textit{Kursivschrift}	*Kursivschrift*
\uline{einfach unterstreichen}	einfach unterstreichen
\sout{durchstreichen}	~~durchstreichen~~
\xout{wegstreichen}	wegstreichen
\uwave{Wellenlinie}	Wellenlinie

Tabelle 9: Verschiedene Schriftauszeichnungen

15.2 Bilder vom Text umflossen

Wie Bilder ganz normal in den Text eingefügt werden, habe ich hier schon an mehreren Beispielen gezeigt. Das folgende Listing und das Ergebnis darunter zeigt, wie ein Bild seitlich vom Text umflossen werden kann.

```
1  \documentclass[paper=A5, fontsize=12pt, BCOR=10mm, DIV=18, twoside=
   true, pagesize=auto]{scrbook}
2  \usepackage{wrapfig, graphicx, blindtext}

4  \begin{document}
5  Will man kleine Bilder am Textrand unterbringen, die vom Text
   umflossen werden, so ist das mit dem Befehl \enquote{\textbackslash{}
   wrapfigure} möglich. Hier ist das Listing und danach sehen Sie die
   Ansicht
6  \begin{wrapfigure}[9]{r}{45mm}% [Zeilenanzahl]{rechts}{Breite}
7      \includegraphics[width=45mm]{Junge-schreibt}[Bildbreite]{Datei}
8  \end{wrapfigure}
9  in der Ausgabedatei.
10 \blindtext % ein bisschen Text
11 \end{document}
```

Will man kleine Bilder am Textrand unterbringen, die vom Text umflossen werden, so ist das mit dem Befehl »\wrapfigure« möglich. Hier ist das Listing und danach sehen Sie die Ansicht in der Ausgabedatei. Dies hier ist ein Blindtest zum Testen von Textausgaben. Wer diesen Text liest, ist selbst schuld. Der Text gibt lediglich den Grauwert der Schrift an. Ist das wirklich so? Ist es gleichgültig, ob ich schreibe: »Dies ist ein Blindtext« oder »Huardest gefburn«? Kjift – mitnichten! Ein Blindtext bietet mir wichtige Informationen.  An ihm messe ich die Lesbarkeit einer Schrift, ihre Anmutung, wie harmonisch die Figuren zueinander stehen und prüfe, wie breit oder schmal sie läuft. Ein Blindtext sollte möglichst viele verschiedene Buchstaben enthalten und in der Originalsprache gesetzt sein. Er sollte leicht lesbar sein, auch wenn er keinen Sinn ergibt.

15.2.1 Erklärung

In **Zeile 5** und **Zeile 9** ist der umfließende Text festgelegt, wobei Zeile 9 im Editor nur aus dem Befehl »\blindtext« besteht, und für die Textumrahmung des Bildes sorgt, damit ich nur die drei Zeilen Text (Zeile 5 im Listing) eingeben musste.

Zeile 6 − 8 bindet das Bild ein. Dabei gibt die [9] die Anzahl der Textzeilen an, die neben dem Bild stehen. Der Parameter r legt fest, dass das Bild am rechten Seitenrand erscheint und mit dem letzten Parameter 45mm lege ich den reservierten Platz für das Bild in der Breite fest. Mit der Anzahl der umfließenden Zeilen (hier im Beispiel 9) muss man ein bisschen experimentieren, falls man die Höhe des Bildes bei vorgegebener Breite nicht kennt.

Soll das Bild am linken Seitenrand erscheinen, müssen Sie in Zeile 6 statt »r« ein »l« in die Klammer einsetzen.

In **Zeile 7** wird die Bilddatei aufgerufen. Die Breite lege ich mit dem optionalen Wert [45mm] fest. Die Bildhöhe errechnet das Programm automatisch. Im zweiten Parameter gebe ich den Dateinamen des Bildes an {Junge-schreibt}. Die Dateiendung muss nicht angegeben werden, wenn das Bild als PS, EPS, GIF, JPG oder PDF-Datei vorliegt und die Übersetzung mit PDF-Latex erfolgt. Bei Übersetzung mit LaTeX wäre nur das EPS-Format möglich.

15.3 Horizontale und vertikale Zwischenräume

Wie ich schon erwähnt habe, fasst LaTeX sowohl aufeinanderfolgende Leerzeichen als auch aufeinanderfolgende Leerzeilen zusammen, sodass im Ausgabedokument jeweils nur ein Leerzeichen oder eine Leerzeile erscheint. Will man im Text einen größeren Zwischenraum zwischen Buchstaben oder Worten einfügen, so nutzt man dazu den Befehl »\hspace« wie folgt:

```
\documentclass[paper=A5,DIV=13,fontsize=11pt]{scrbook}

\begin{document}
In diesem Text will ich das Wort \hspace{5em} vom nachfolgenden Wort
durch einen großen Abstand trennen. Das geht auch mit den B\hspace{1em
}u\hspace{2em}c\hspace{3em}h\hspace{4em}s\hspace{3em}t\hspace{4em}a\
hspace{3em}b\hspace{2em}e\hspace{1em}n.
\end{document}
```

Listing 94: Horizontaler Abstand im Text

In diesem Text will ich das Wort   vom nachfolgenden Wort durch einen großen Abstand trennen. Das geht auch mit den B   u   c   h   s   t   a   b e   n.

Hinweis: Wenn der horizontale Abstand am Zeilenende, vor einem Zeilenumbruch, auftaucht, wird er unterdrückt. Um das zu vermeiden, können Sie den Abstandsbefehl mit einem Stern ergänzen (\hspace*{5em}).

Vertikale Abstände im Text, die größer als eine Zeile sein sollen, erreichen Sie, wie in folgendem Beispiel, indem Sie hinter einem manuellen Zeilenumbruch durch den doppelten Backslash in eckigen Klammern den gewünschten Abstand eingeben. Mehrmaliges Drücken der ENTER-Taste erzeugt zwar Leerzeilen im Editorfenster, aber mehr als eine Leerzeile erscheint nicht im Ausdruck.

```
\documentclass[paper=A5,DIV=13,fontsize=11pt]{scrbook}

\begin{document}
Nach diesen letzten Zeilen eines Absatzes wollen Sie einen etwas größ
eren Abstand einfügen.\\[3ex]

Dazu geben Sie hinter dem doppelten Backslash den gewünschten Abstand
in eckigen Klammern an. Es wird ein Abstand mit der Zeilenhöhe von
drei Buchstaben des \enquote{x} aus der aktuellen Schrift erzeugt.
\end{document}
```

Listing 95: Horizontaler Abstand im Text

Nach diesen letzten Zeilen eines Absatzes wollen Sie einen etwas größeren Abstand einfügen.

  Dazu geben Sie hinter dem doppelten Backslash den gewünschten Abstand in eckigen Klammern an. Es wird ein Abstand mit der Zeilenhöhe von drei Buchstaben des »x« aus der aktuellen Schrift erzeugt.

15.4 Aufzählung mit Sonderzeichen

Die Standardliste mit dem Punkt vor den Aufzählungen habe ich auf Seite 102 beschrieben. Manchmal möchte man auch eine Auswahlliste erstellen. Dafür gibt es auch ein paar Sonderzeichen, die zu den Mathematiksymbolen gehören.

```
\documentclass[paper=A5,DIV=13,fontsize=11pt]{scrbook}
\usepackage{amssymb}

\begin{document}
\begin{itemize}
\setlength{\itemsep}{2pt}
\item [$\square$] Kreuzen Sie an, welche dieser beiden Zeilen die
\item [$\boxtimes$] kürzeste ist.
\end{itemize}
Wählen Sie jetzt aus, welche Zeilen zutreffende Aussagen machen:
\begin{itemize}
\setlength{\itemsep}{2pt}
\item [\scriptsize$\bigcirc$] Sie lesen gerade eine Zeitung.
\item [$\otimes$] Sie schauen gerade in ein Buch über LaTeX.
\item [\scriptsize$\bigcirc$] Der November ist der vorletzte Monat im
Jahr.
\end{itemize}
\end{document}
```

Listing 96: Aufzählung mit Sonderzeichen

☐ Kreuzen Sie an, welche dieser beiden Zeilen die

☒ kürzeste ist.

Wählen Sie jetzt aus, welche Zeilen zutreffende Aussagen machen:

○ Sie lesen gerade eine Zeitung.

⊗ Sie schauen gerade in ein Buch über LaTeX.

⊗ Der November ist der vorletzte Monat im Jahr.

☐ Ein Quadrat . . . . $\square$

☒ Ein angekreuztes Quadrat . . . . $\boxtimes$

○ Ein kleiner Kreis . . . . \scriptsize$\bigcirc$

⊗ Ein angekreuzter Kreis . . . . $\otimes$

In der Präambel muss dafür das Mathematikpaket »amssymb« eingebunden werden und im Text wird dann der Mathematikmodus mit einem Dollarzeichen eingeleitet und beendet.

15.5 Bunte Tabellenzeilen

Ein besonderer Effekt kann zum Beispiel in Tabellen erreicht werden, wenn man die Tabellenzeilen mit Farbe[2] füllt.

```
1  \documentclass[paper=A5,fontsize=11pt]{scrbook}
2  \usepackage{colortbl}% ermöglicht farbige Tabellenzeilen

4  \begin{document}
5  \begin{table}%
6  \setlength{\doublerulesep}{1pt}% der Abstand zwischen den Zeilen
7  \arrayrulecolor{white}% Farbe zwischen den Zeilen
8  \begin{tabular}{lllr}% Ausrichtung der vier Spalten
9  \hline
10 \rowcolor{red}Kontinent & Land & Hauptstadt & Einwohner\\
11 \hline\hline% zwischen diesen Linien liegt die arrayrulecolor
12 \rowcolor{yellow}Europa & Deutschland & Berlin  & 3,5 Mio.\\
13 \hline\hline
14 \rowcolor{lightgray}Europa & Frankreich & Paris & 2,3 Mio.\\
15 \hline\hline
16 \rowcolor{yellow}Europa & England & London  & 8,2 Mio.\\
17 \hline\hline
18 \rowcolor{lightgray}Amerika & USA & Washington D.C. & 0,7 Mio.\\
19 \hline
20 \end{tabular}
21 \arrayrulecolor{black}% Ich habe hinzugelernt!
22 \caption{Eine bunte Tabelle}
23 \end{table}
24 \end{document}
```

Listing 97: Eine bunte Tabelle

---

[2]Grundfarben findet man auf Seite 93

Kontinent	Land	Hauptstadt	Einwohner
Europa	Deutschland	Berlin	3,5 Mio.
Europa	Frankreich	Paris	2,3 Mio.
Europa	England	London	8,2 Mio.
Amerika	USA	Washington D.C.	0,7 Mio.

Tabelle 10: Eine bunte Tabelle

15.6 Bildschirm einstellen

Im TeXMAKER-Programm können Sie die PDF-Ansicht auf 100% einstellen. Das stimmt sehr gut. Andere PDF-Viewer müssen gegebenenfalls erst noch auf den verwendeten Bildschirm eingestellt werden, soweit das möglich ist. Im Adobe Acrobat kann man den Pixel/Zoll Wert des Monitors in den »Voreinstellungen« unter »Seitenanzeige – Benutzerdefinierte Auflösung« einstellen. Nur wenn dieser Wert richtig eingestellt ist, stimmt die Bildschirmanzeige mit dem Layout überein, wenn man den Viewer auf 100% einstellt. Manchmal ist eine Vorabbeurteilung des Layouts sehr hilfreich. Diese sollte immer in der Originalgröße erfolgen.

Ihre PDF-Dokumentenseite auf dem Bildschirm sollte bei einer Ansicht von 100 % und dem Papierformat A5 genau 148 mm breit sein. Sie können Ihre Einstellung aber auch mit einer selbst erstellten Strichleiste überprüfen. Die Striche sollten einen Abstand von 25,4 Millimeter haben. Erstellen Sie dazu ein kleines Dokument gemäß folgendem Listing und schauen Sie sich nach dem Erstellen die PDF-Datei auf dem Bildschirm an.

```
\documentclass[paper=A5]{scrbook}
\begin{document}
Die senkrechten Striche sollen in der Einstellung 100 Prozent einen
Abstand von jeweils 25,4 Millimeter haben.\\
Die Breite der Seite sollte 148 Millimeter betragen.\\

|\hspace{70.270112pt}|\hspace{70.270112pt}|\hspace{70.270112pt}|\
hspace{70.270112pt}|
\end{document}
```

Listing 98: Horizontaler Abstand

In TeXMAKER sollten die Abstände stimmen. Prüfen Sie dann die Anzeige in Ihrem externen PDF-Viewer bei 100 %, zum Beispiel mit dem Acrobat Reader. Stimmen die Abstände?

| | | | | |

Der Abstand zwischen den senkrechten Strichen sollte 25,4 Millimeter betragen.

16 Anhang C: Index-Steuerdatei

W er kein Indexverzeichnis nutzt, kann diesen Anhang ungelesen überschlagen. Wem hingegen das Standard-Index-Verzeichnis nicht gefällt, der hat die Möglichkeit, über eine selbst erstellt Datei mit nachfolgend aufgeführtem Inhalt das Erscheinungsbild des Indexverzeichnisses an eigene Wünsche anzupassen. Das folgende Listing ergibt das Aussehen des Stichwortverzeichnisses dieses Buches. Wegen der besseren Lesbarkeit habe ich es am Ende des Kapitels nochmals größer dargestellt.

```
 1  headings_flag 1
 2  heading_prefix "\\textbf{----~"        % 3 Minuszeichen und Tilde
 3  heading_suffix "~----}\\nopagebreak\n"% Tilde und 3 Minuszeichen
 4  delim_0 "\\dotfill"                     % ....... bis zur Seitenzahl
 5  delim_1 "\\dotfill"
 6  delim_2 "\\dotfill"
 7  delim_t ""            % nichts zwischen normalen Anführungszeichen
 8  delim_n ", "         % Komma und Leerzeichen
 9  delim_r "--"         % zwei normale Minuszeichen
10  suffix_2p ""         % nichts zwischen normalen Anführungszeichen
11  suffix_3p ""         % nichts zwischen normalen Anführungszeichen
12  symhead_negative "Symbols"
13  symhead_positive "Befehle"% oder auch Symbole
14  numhead_negative "Numbers"
15  numhead_positive "Zahlen"
16  quote '+'
```

Listing 99: Verbessertes Indexverzeichnis

- **Zeile 1:**
  0 = keine Unterteilung mit Buchstaben,
  -1 = Unterteilung mit Kleinbuchstaben,
  1 = Unterteilung mit Großbuchstaben (wie hier im Buch)
- **Zeile 2:** Fettschrift und Zeichen vor dem Trennbuchstaben

- **Zeile 3:** Zeichen nach dem Trennbuchstaben
- **Zeile 4-6:** Auffüllen der Zeile mit Punkten bis zur Seitenzahl (für die ersten drei Ebenen)
- **Zeile 16:** Maskierungszeichen, hebt die Bedeutung des nachfolgenden Zeichens für »makeindex« auf

Speichern Sie die Datei mit dem Inhalt aus obigem Listing 99 als mst-Datei (zum Beispiel »myindexstyle.mst«) im aktuellen Verzeichnis Ihrer »meinBuch.tex« Datei. MakeIndex erkennt diese Datei dann automatisch und wertet die Vorgaben aus. Oft finden Sie diese Datei auch als ist-Datei. Das funktioniert zwar auch, aber Sie müssen dann den Befehl »MakeIndex« wie folgt aufrufen: »MakeIndex -s myindexstyle.ist«, was eindeutig umständlicher ist. Der einzige Vorteil wäre, dass Sie einfach verschiedene ist-Dateien nutzen könnten, indem Sie einfach den Befehlsaufruf ändern.

```
headings_flag 1
heading_prefix "\\textbf{---T"        % T = Tildezeichen
heading_suffix "T---}\\nopagebreak\n"% T = Tildezeichen
delim_0 "\\dotfill"                   % Die beiden Tilde-
delim_1 "\\dotfill"                   % zeichen ergeben
delim_2 "\\dotfill"                   % ein Leerzeichen
delim_t ""                            % vor und hinter
delim_n ", "                          % dem Index-Buch-
delim_r "--"                          % staben.
suffix_2p ""                          % z.B. --- A ---
suffix_3p ""
symhead_negative "Symbols"
symhead_positive "Befehle"
numhead_negative "Numbers"
numhead_positive "Zahlen"
quote '+'
```

17 Anhang E: Mein Kapitel »Einleitung« als LaTeX-Source

Als kleines Beispiel, wie ein LaTeX-Eingabetext aussehen kann, zeige ich hier den Anfang der Einleitung dieses Buches:

```
1  \begin{textblock*}{20mm}(115mm,5mm)
2  \includegraphics{Clip_Vorwort}\end{textblock*}%
3  \setchapterpreamble[u]{% Präambel unter [u] dem Kapitelname
4  \dictum[* 1947 Marion Gitzel, deutsche Schriftstellerin]{Wer Neues
   nicht wagt, am Alten verzagt.}}
5  \chapter{Einleitung}
6  \markboth{Einleitung}{Einleitung}% Kapitel enthält keine Untertitel
7  % daher zusätzliche Info für rechte Kopfzeilen
8  %=====================================================
9  \renewcommand*{\thefigure}{\arabic{figure}}% Nummerierung beginnt mit
   "1"
10 \lettrine[lines=1]{D}{}ieses Buch wendet sich an alle aktiven und zukü
   nftigen Buchautoren\footnote{Um den Textfluss nicht zu unterbrechen,
   verwende ich nur die männliche Form von Personenausdrücken.
   Selbstverständlich ist damit auch immer die weibliche Form mit gemeint
   . Ich bitte um Verständnis.}, die auf der Suche nach einem
   hervorragenden Text- und Layoutsystem sind, das Ihnen die Arbeit der
   Gestaltung weitgehend abnimmt, sodass man sich als Autor nur um den
   Text kümmern muss.
11 \mpar{\vspace{-50pt}\textbf{Einführung für Buchautoren},\\ kein LaTeX-
   Fachbuch.\\
12 Es geht in diesem\\vorliegenden Band\,1 mehr um fiktionale und schö
   ngeistige Literatur (Belletristik) und weniger um Erstellung
   wissenschaftlicher Arbeiten.}
13 Bitte erwarten Sie keine komplette Einführung in das hochkomplexe,
   aber einfach zu benutzende, Textsatzsystem \LaTeX{}.
14 Dafür gibt es wunderbare Fachbücher, die ich im Literaturverzeichnis
   aufgeführt habe. Aber auch im Internet gibt es viele Informationen und
    Foren mit hilfreichen Antworten auf fast jede mögliche Frage zu \
   LaTeX{}. Und die Unterstützung für Neueinsteiger wird immer größer,
   denn wegen seiner hohen Flexibilität, der Qualität der PDF-
   Ausgabedatei und der Unabhängigkeit vom Betriebssystem, wird dieses
   Programm \mpar{Sie sind nicht\\allein!}immer beliebter und gewinnt stä
   ndig mehr an Bedeutung. In diesem Buch geht es mir darum, alles das zu
    erklären, was ein Buchautor für die Erstellung des Buchblocks, den
   Seiten zwischen den beiden Buchdeckeln, \index{Buchblock} \index{
   Buchcover} benötigt, um einen Roman, eine Novelle, Kurzgeschichte oder
    Biografie zu schreiben. Das vorliegende Buch ist während meiner
```

Einarbeitung in \LaTeX{} aus der Praxis für die praktische Anwendung durch Sie entstanden. Ich würde mich freuen, wenn es Ihnen als Buchautor hilft, sich die notwendigen Grundkenntnisse anzueignen, um selber Bücher in \LaTeX{} zu erstellen. In diesem ersten Band habe ich mich bewusst auf das Notwendigste beschränkt, was ein Belletristik-Autor \index{Belletristik} benötigt. Ich will Neueinsteiger in dieses interessante Textsatzsystem nicht gleich abschrecken, indem ich die fast unendlichen Möglichkeiten von \LaTeX{} hier aufzeige und sie mit Informationen erschlage, die man für ein normales textlastiges Buch nicht benötigt. Aus diesem Grund verzichte ich auch manchmal auf spezielle Fachbegriffe, soweit diese durch allgemein bekannte Worte ersetzt werden können.

16 | In einem zweiten Band meiner LaTeX-Bücher werde ich dann für Interessierte, die mehr aus diesem System herausholen möchten, etwas tiefer in die Grundlagen eingehen und erklären, wie man bestimmte Formatierungen und individuelle Anpassungen vornehmen kann. Außerdem wird es noch mehr Informationen zur Einbindung \mpar{\textbf{Keine Angst},\\ einen kleinen\\Einblick bekommen\\Sie im Kapitel\\ \textbf{Grundlagen} ab Seite \pageref{grundlagen} auch schon in diesem Buch.} und Bearbeitung von Bildern, Grafiken und Tabellen geben. Sie werden dann auch erfahren, wie einfach es ist, in \LaTeX{} wunderschöne Grafiken zu erstellen, ohne einen Zeichenstift oder die Maus in einem Zeichenprogramm zu benutzen. Ein paar Textzeilen reichen aus, um zum Beispiel Figuren oder auch unsere Erde zu zeichnen. Eben alles, was man benötigt, wenn man nicht nur ein reines Textbuch schreiben möchte.

18 | Wohl fast jeder, der anfängt mit dem \LaTeX{}-System zu arbeiten, und der das Wort vorher nie gehört hat, macht den gleichen verzeihlichen Fehler, wenn er nicht gerade aus Griechenland oder dem Kyrillischen kommt.\mpar{\LARGE\textbf{X} wie \textbf{ch}} Das \enquote{X}{} in diesen beiden Sprachen ist halt ein \enquote{ch}{} oder \enquote{chi }.

19 | \begin{wrapfigure}{r}{2.0cm}
20 | \includegraphics[height=5mm]{grTeXnik}
21 | \label{fig:grTeXnik}
22 | \end{wrapfigure}
23 | Auch unser Wort für Technik kommt aus der griechischen Sprache (siehe nebenstehende Abbildung) und enthält in der griechischen Ursprungssprache das \enquote{X}, das wir als \enquote{ch}{} ü bernommen haben. Selbst die Briten und Amerikaner haben das \enquote{ch}{} beibehalten, was man an ihrem Wort für Technik (\enquote{technique}) erkennen kann. Sie sprechen das \enquote{ch}{} dann aber als \enquote{k}{} aus.

25 | Damit Sie nicht den gleichen Anfängerfehler \index{Anfängerfehler} machen und \LaTeX{} falsch aussprechen, so wie ich anfangs, hier der erste Tipp in diesem Buch:
26 | \begin{center}

```
27 | \textbf{ \large{
28 | \LaTeX{} wird wie \enquote{Latech}{} ausgesprochen und \TeX{} natü
   | rlich wie \enquote{Tech}.}}
29 | \end{center}

31 | \textbf{Anmerkung:} Hier in der Einleitung habe ich noch die
   | Originallogos von \TeX{} und \LaTeX{} benutzt. Wegen der besseren
   | Lesbarkeit nutze ich im Folgenden diese Begriffe in der
   | Standardschrift.
32 | \includegraphics[angle=10,width=105mm]{Presse-ueber-Latex-2}
33 | {\footnotesize \enquote{Spiegel Online vom 26.04.2008}}
34 | \newpage
35 | %
36 | % Leerseite füllen
37 | \label{autor-liest}
38 | \mpar{\rotatebox{90}{\scalebox{11.5}{\LaTeX\{\,\}}}}
39 | \hspace{15mm}\includegraphics[width=81mm]{studylamp}

41 | \vspace{30mm}

43 | \hspace{15mm}\mbox{\parbox{85mm}{
44 | \textbf{Viel Erfolg mit \LaTeX{} beim Schreiben\\ ihres nächsten
   | Buches wünscht Ihnen\\ Helmut B. Gohlisch.}
45 | }}

47 | \begin{adjustwidth}{-20mm}{0mm}% Außenrand, Innenrand
48 | Sollten Sie einmal, trotz Suche, keine Lösung für ein Problem finden,
   | können Sie mich auch gerne per E-Mail kontaktieren. Ich werde
   | versuchen, Ihnen zu helfen. Weitere Informationen zum Buch finden Sie
   | auf meiner Webseite (siehe Info-Seite \pageref{infoseite} am Ende des
   | Buches).
49 | \end{adjustwidth}
```

17.0.1 Hinweise / Erläuterungen

- Zeile 1/2: Positionierung und Einbindung einer kleinen Abbildung am Kapitelanfang.
- Zeile 3/4: Einfügung eines Zitates am Kapitelanfang.
- Zeile 5: Kapitelname
- Zeile 6: Manuelle Einfügung von Text für die Kopfzeilen.

- Zeile 9: Festlegung der Kapitelnummerierung und Festlegung der Darstellung (hier arabische Ziffern, nicht römische Ziffern).

- Zeile 10: Mit lettrine wird der erste Buchstabe am Kapitelanfang besonders gestaltet.

- Zeile 11: Der Befehl \mpar ist eine umdefinierte und verkürzte Version von \marginpar. Dieses Um- oder Neu-definieren von Befehlen werde ich im zweiten Band näher erläutern. Mit \mpar bzw. \marginpar wird ein Text oder Symbol am Seitenrand erzeugt.

- Zeile 19-22: Einbindung einer Abbildung, die von Text umflossen wird.

- Zeile 26-29: Einen Text zentriert ausgeben.

- Zeile 32: Einbindung einer Abbildung, die mit der Option »angle« leicht gedreht ausgegeben wird.

- Zeile 33: Mit \footnotesize und \emph wird der folgende Text in kleiner Schrift und in Kursivschrift ausgegeben.

- Zeile 34: Ein manueller Seitenumbruch wird ausgeführt.

- Zeile 37: Mit \label wird eine Ansprungmarke für ein Objekt (hier ein Bild) festgelegt.

- Zeile 38: Am Seitenrand wird ein Text durch \rotatebox{90} senkrecht ausgegeben. Mit \scalebox{11.5} wird der Text um den Faktor 11,5 vergrößert. Sie sehen das Ergebnis auf Seite 12.

- Zeile 39: Einbindung eines Bildes.

- Zeile 41: Vertikalen Abstand einfügen.

- Zeile 43-45: Text mit seitlicher Verschiebung von 15 mm in einer rahmenlosen Box mit der Breite von 85 mm darstellen.

- Zeile 47-49: Text darstellen, der 20 mm über den bestehenden linken Außenrand hinausragen soll.

18 Anhang F: Hilfreiche Webseiten

Wenn Sie Hilfe suchen, kann ich Ihnen folgende Webseiten empfehlen:

- **DANTE**, die deutschsprachige Anwendervereinigung TeX e.
  V., hier können Sie auch Mitglied werden, wenn Sie in Zukunft ernsthaft mit LaTeX arbeiten wollen und regelmäßig
  die neuesten Informationen dazu erhalten wollen.
  `http://www.dante.de/hilfe.html`

- **TeXWelt** ist ein deutschsprachiges Forum für Hilfesuchende
  und Helfende. Antworten können bewertet werden, sodass gute Lösungsvorschläge meist schnell zu finden sind. Webadresse
  `https://texwelt.de/wissen`

- **CTAN**, The Comprehensive TeX Archive Network,
  `http://www.ctan.org/`

- **TeX Users Group**, `http://www.tug.org/`

- **Paket Dokumentation**, Hier finden Sie die englischsprachige Dokumentation zu allen LaTeX Paketen,
  `http://www.texdoc.net/`

- **Wikibooks.org**, LaTeX-Kompendium in verschiedenen
  Sprachen (auch Deutsch),
  `https://de.wikibooks.org/wiki/LaTeX-Kompendium`

- **LaTeX Color**, hier finden Sie die Vorgaben für eine große
  Auswahl an Farben, `http://www.latexcolor.com`

- **LaTeX Editor** Die Frage, welcher Editor für LaTeX-Einsteiger am besten geeignet ist, lässt sich nicht leicht beantworten. Das hängt auch davon ab, mit welchem Editor man bisher gearbeitet hat. Einen Versuch der Beantwortung und einen Vergleich der für LaTeX geeigneten Editoren findet man auf
  `https://texwelt.de/wissen/fragen/884/welcher-latex-editor-fur-einsteiger-empfehlenswert`

- **LaTeX Kurzreferenz** Eine Befehlsübersicht findet man bei der Universität Frankfurt als PDF-Datei unter
  `www.starkerstart.uni-frankfurt.de/61673435/latexsheet.pdf`

- **LaTeX Pictures**, eine englische Infoseite auf Wikibooks,
  `https://en.wikibooks.org/wiki/LaTeX/Picture`

- **LaTeX Templates**, eine große Auswahl kostenloser LaTeX-Vorlagen findet man hier,
  `http://www.latextemplates.com`

- **LaTeX Pakete**, Sascha Frank hat eine Sammlung der LaTeX-Pakete auf seiner Website zusammengestellt,
  https://`www.namsu.de/Extra/latex-pakete.html`

- **mrunix** ist ein deutschsprachiges Programmiererforum für Entwickler. Webadresse `https://www.mrunix.de`

- **golatex** ist ein Forum für LaTeX-Anwender, in dem schon viele Antworten auf Anfängerfragen stehen. Webadresse `https://golatex.de/`

- **Minimalbeispiel** Eine gute Anleitung zur Erstellung eines Minimalbeispiels findet man unter anderem auf
  `https://golatex.de/wiki/Minimalbeispiel`

- **Minimalbeispiel 2** Und hier noch eine Anleitung zur Erstellung eines Minimalbeispiels, um in Foren nach Hilfe zu fragen
  `https://texwelt.de/wissen/fragen/569/was-ist-ein-vollstandiges-minimalbeispiel-oder-kurz-vm-und-wie-erstelle-ich-dieses`
  Tipp: Statt die lange Adresse einzugeben, gehen Sie einfach auf `https://texwelt.de/` und geben im Suchfeld »Minimalbeispiel« ein.

- **Sorgenfrei durchs Studium**, eine Webseite mit einer Einführung in LaTeX,
  `http://www.studentenleben.info/edv/latex/`

- **LaTeX-Einführung** Auf der Webseite der Fernuniversität Hagen habe ich eine gute Einführung in LaTeX von Manuela Jürgens und Thomas Feuerstack gefunden. Die PDF-Datei kann man sich auch herunterladen und abspeichern, sodass man sie schnell im Zugriff hat.
  `https://www.fernuni-hagen.de/imperia/md/content/zmi_2010/a026_latex_einf.pdf`

- **TeX-StackExchange**, die englischsprachige Hilfeseite für TeX- / LaTeX-Anwender,
  `https://tex.stackexchange.com/`

- **INKSCAPE** Programm zum professionellen Erstellen von Vektorgrafiken, `https://inkscape.org/de/`. Die Webseite und das Programm kann auch auf »Deutsch« eingestellt werden.

- **TeXMAKER** Kurzinformation zum Editor-Programm zur Erstellung von LaTeX Dokumenten,
  `https://de.wikipedia.org/wiki/Texmaker`.

- **TeXMAKER für Linux** Eine Installationsanleitung für Ubuntu-User findet man unter
  `https://wiki.ubuntuusers.de/Texmaker/`.

- **TeXstudio** ist ein sehr ausgereifter LaTeX-Editor in deutscher Sprache, der aus TeXMAKER hervorgegangen ist. Ein Download für Windows ist hier möglich:
  `https://www.texstudio.org/`

- **MiKTEX von Christian Schenk,** für Windows
  `http://miktex.org/2.9/setup`, eine Installationsanleitung gibt es unter
  `http://www.latexbuch.de/latex-windows-7-installieren/`

- **proTEXt von Thomas Feuerstack,** für Windows , Download von `https://www.tug.org/protext/`

- **TEXlive von Sebastian Rahtz und anderen,** für Windows
  `http://www.dante.de/text/tl-install-windows.html`

Wer lieber zuhört und zuschaut, kann sich seine LaTeX-Kenntnisse auch bei Youtube erweitern. Es gibt dort eine ganze Reihe von Videos. Hier ein Beispiel:

- **LaTeX Tutorials**
  `https://www.youtube.com/user/LaTeXTutorial/videos`

19 Anhang G: Befehle und Einheiten

Hier finden Sie alle Befehle und Steuerzeichen, die ich für die Erstellung dieses Buches benutzt habe. Für ein textbasiertes Buch werden Sie nur einen Bruchteil davon benötigen. Aber vielleicht gefällt Ihnen ja LaTeX so gut, dass Sie auch andere Dokumente damit erstellen wollen. Die Hinweise in Klammern mit dem Stern* finden Sie am Ende der Tabelle.

Befehl	Anwendung	siehe Hinweis
\\	ersetzt \newline	[NL*]
\,	schmales Leerzeichen (Spatium)	[SL*]
\% \$	Prozent- und Dollarzeichen im Text % $	[PZ*]
\# \&	Raute- und UND-Zeichen im Text # &	
\{ \}	geschweifte Klammern im Text { }	
--	Gedankenstrich, Bis-Strich usw. (–)	[GS*]
_	Unterstreichung _	
\arrayrulecolor	\arrayrulecolor{red}, Linienfarbe	[ARC*]
\caption	{[Eintrag Verzeichnis]Beschreibung}	
\centerline	\centerline{Eine zentrierte Textlinie}	Seite 13
\cite	{Verweis auf bib-Datei}	Seite 107
\color	{\color{farbe}text}	Seite 93
\dictum	[Autoreninfo]{Zitat}	[AI*]
\enquote	{Text in Anf.-Zeichen}	Seite 46
\fbox	{Text in der Box}	Seite 77
\hfill	schiebt Text ans Zeilenende	Seite 101
\hline	Horizontale Linie in Tabellen	
\hrule	Horizontale Linie im Textteil	

Tabelle 11: Befehlstabelle (Auszug Teil 1)

Befehl	Anwendung	Hinweis
\index	{Wort(e) für Index}	Seite 107
\index	\index{Wort|textbf}	[IFETT*]
\label	{Labeltext}	[L*]
\newline	Zeilenumbruch in Bildunterschriften	
\pagestyle	{empty}	[PS*]
\parbox	\parbox{Breite}{Inhalt}	Seite 79
\textbackslash	Backslash \ im Text	[TBS*]
\thispagestyle	plain, empty, ...	[TPS*]
\vspace	{vertikaler Abstand}	[VA*]
\wrapfigure	[Anz. Zeilen]{i,o,l oder r}[Ü*]{Breite}	Seite 179

Tabelle 12: Befehlstabelle (Auszug Teil 2)

- **AI** Um ein kurzes Zitat am Kapitelanfang unterzubringen, geben Sie den Befehl »\dictum« ein und direkt dahinter in eckigen Klammern die [Autoreninfo] und in geschweifter Klammer das {kurze Zitat}. Beispiele sehen Sie hier im Buch.

- **ARC** Mit \arrayrulecolor{farbe} wird die Linienfarbe in Tabellen bestimmt. Dazu zählen neben »\hline« auch die Befehle »\toprule«, »\midrule« und »\bottomrule« aus dem Paket »booktabs«.

- **GS** Der Gedankenstrich in LaTeX wird nie mit dem einfachen Minuszeichen auf der Tastatur erzeugt, sondern durch die doppelte Eingabe dieses Zeichens oder den Befehl »\textendash«. Erzeugt wird in beiden Fällen der Halbgeviertstrich (–). Anwendung findet er auch bei Geldbeträgen (75,– Euro), wo er dann zwei Nullen hinter dem Komma ersetzt. Auch bei von – bis (Bis-Strich) oder Bayern – Dortmund (Gegenstrich) wird der Halbgeviertstrich typografisch richtig verwendet.

- **IFETT** Soll ein Wort in den Index aufgenommen und die Seitennummer fett gedruckt werden, so ist die Ergänzung »|textbf« im Indexbefehl erforderlich.

- **L** Ein Label (eine Marke) können Sie zum Beispiel zum Beginn eines Kapitels oder Abschnittes einfügen, aber auch bei Bildern oder Tabellen. Mit dem Befehl \ref{Labeltext} wird dann die Nummer des Bildes oder der Tabelle ausgegeben. Mit dem Befehl \pageref{Labeltext} wird die Seitennummer ausgegeben, auf der sich der »Labeltext« befindet. Egal, wohin eine Seite durch Änderungen oder Ergänzungen verschoben wird, beziehen Sie sich mit der dynamischen Angabe (»siehe Bild Seite \pageref{Demo-Bild}«) immer auf die richtige Seite, während (»siehe Bild Seite 34«) sich nicht anpasst, wenn die Seite verschoben wird.

- **NL** Mit »\newline« oder »\\« wird eine Zeile beendet, aber kein Absatz erzeugt.

- **PS** Mit »\pagestyle{empty}« wird für diese und alle folgenden Seiten die Anzeige von Kopf- und Fußzeile unterdrückt. Mit »\pagestyle{headings}« können Sie wieder auf normale Anzeige zurückschalten.

- **PZ** Da ein Prozentzeichen einen Kommentar einleitet und der Rest der Zeile vom Programm nicht mehr berücksichtigt wird, muss ein gewolltes Prozentzeichen im Text durch Voranstellung eines Backslash gekennzeichnet werden (\%).

- **SL** Schmale Leerzeichen (lat. Spatium für Zwischenraum) werden zum Beispiel bei Abkürzungen mit Punkten verwendet. Vergleichen Sie (z. B.) mit (z. B.). Im ersten Fall wurde ein normales Leerzeichen benutzt, im zweiten Fall ein schmales Leerzeichen. Noch deutlicher wird es bei der Abkürzung von »›in der Regel‹« mit normalem (i. d. R.) und mit schmalem Leerzeichen (i. d. R.). Außerdem verhindert das schmale Leerzeichen eine Trennung mitten in der Abkürzung, was i. d. R. erwünscht ist.

- **TBS** Wenn Sie im Text einen Backslash (\) einsetzen wollen, dürfen Sie nicht nur den schrägen oben nach links geneigten Strich auf der Taste mit dem »ß« eingeben, da dadurch ein Befehl eingeleitet wird. Stattdessen müssen Sie direkt hinter dem Schrägstrich noch das Wort »textbackslash« einsetzen. Das sieht dann so aus: \textbackslash.

- **TPS** Mit diesem Befehl und dem Zusatz »{empty}« am Anfang einer Seite können Sie Kopf- und Fußzeile für diese Seite unterdrücken. Mit »{plain}« unterdrücken Sie die Kopfzeile und die Seitennummer erscheint mittig in der Fußzeile. Weitere weniger gebräuchliche Optionen sind möglich.

- **Ü** Der Überhang gibt an, um wie viel das Objekt über die Textbreite hinausragen darf (positiver Wert) oder um wie viel es in das Textfeld hineinragen darf (negativer Wert).
  Die Angaben (i)nnen, (o)ut für außen, (l)inks oder (r)echts geben die Positionierung bei zweiseitigem (i,o) beziehungsweise einseitigem (l,r) Druck an.

- **VA** Vertikaler Abstand in »mm« oder jeder anderen LaTeX-Einheit, zum Beispiel zwischen zwei Textzeilen oder unter einem Bild.

19.1 LaTeX-Einheiten

Nachfolgend finden Sie einen kleinen Auszug der Tabelle aus dem LaTeX-Forum [2] mit den in diesem Buch verwendeten Einheiten. Der kleinstmögliche Wert ist dabei »1sp«, der nur einem winzigen Bruchteil eines Millimeters entspricht und wohl kaum zur Anwendung kommt. Wo Maßeinheiten in LaTeX anzugeben sind, können statt der oben genannten Einheiten auch noch »mm« und »cm«

verwendet werden. Damit Ihr Layout immer an die aktuell verwen-

Einheit	Bedeutung	Umrechnung in mm
sp	Skalierter Punkt	186468sp ~ 1 mm
pt	Punkt	2,84528pt ~ 1 mm
pt	Punkt	1,0pt ~ 0,35145 mm
bp	Big Point	2,83465bp ~ 1 mm
bp	Big Point	1,0bp ~ 0,35277 mm
in	Inch, Zoll	1in = 25,4 mm
ex	Höhe eines kleinen »x«	(*)
em	Breite eines großen »M«	(*)

Tabelle 13: Einige gebräuchliche Latex-Einheiten in diesem Buch. (*) In aktueller Schriftart

dete Schriftgröße angepasst wird, sollten Sie feste Maße, wie »cm« und »mm« vermeiden und statt dessen für horizontale Maße die Einheit »em« und für vertikale Abstände die Einheit »ex« verwenden. Natürlich sind auch Vielfache davon möglich, zum Beispiel »width=3em« oder »height=5ex«.

Wie genau (La)TeX arbeiten kann, zeigt die Unterscheidung zwischen Punkt (pt) und Big Point (bp). Es handelt sich um eine Differenz von nur 0,00132 mm.

Viele Bilder und Grafiken zu allen möglichen Themen findet man auf openclipart.org. Das Herunterladen ist kostenlos. Hier im Buch finden Sie auch einige Grafiken und Bilder aus dieser Quelle.

Man kann auch Bilder für die Verwendung durch andere Personen zur Verfügung stellen. Diese sollten Vektorgrafiken sein, die größenunabhängig immer scharf dargestellt werden.

20 Anhang H: Ein Minimaldokument

Wenn Sie nun, am Ende des Buches denken, dass jeder Text in La-TeX eine komplizierte Präambel benötigt, zeige ich Ihnen hier, dass das nicht der Fall ist. Ein einfacher Artikel mit einer Überschrift und einem Text sieht im Editor dann so aus:

```
1  \documentclass[paper=a5,fontsize=11pt]{scrartcl}
2  \begin{document}
3  \section{Ein kurzer Artikel}
4  Hier folgt dann Ihr Text ...
5  \blindtext
6  \end{document}
```

Listing 100: Ein minimales Dokument

Das »Minimal« bezieht sich dabei nicht auf die Größe bzw. Länge des Dokumentes, sondern nur auf die geringe Anzahl benutzter Befehle. Der Artikel selbst kann dabei auch viele Seiten lang sein. Mit etwas mehr eigenem Text, wie in folgendem Listing, sieht Ihr Dokument dann so aus, wie auf der nächsten Seite verkleinert abgebildet.

```
1  \documentclass[paper=a5,fontsize=11pt]{scrartcl}
2  \begin{document}
3  \section{Ein kurzer Artikel}
4  Im Kapitel (Wie auf der Achterbahn - Immer auf und ab) über die
   Bestimmung meiner Gen-Mutation durch den Pathologen habe ich schon in
   kurzen Worten über die festgestellte Veränderung in meiner DNA-Kette
   geschrieben. Dieses Thema hat mich umso mehr fasziniert, je mehr ich
   mich damit beschäftigte. ...
5  ... Wir sehen auch nicht anders aus, wenn ich mal von Haut- und
   Haarfarbe absehe, die sich bei einigen von uns verändert. Und trotzdem
    hat sich in unseren winzigen Genen mindestens an einer Stelle etwas
   verändert, was unseren ganzen Körper und unser weiteres Leben sehr
   stark beeinflussen wird. Für alle Interessierte versuche ich daher
   hier, etwas näher auf die DNA, die Gene und die Mutationen einzugehen
   .\\
6
7  \hfill(Auszug aus meinem Buch GIST, Gene und Mutationen)
8  \end{document}
```

1 Ein kurzer Artikel

Im Kapitel (Wie auf der Achterbahn - Immer auf und ab) über die Bestimmung meiner Gen-Mutation durch den Pathologen habe ich schon in kurzen Worten über die festgestellte Veränderung in meiner DNA-Kette geschrieben. Dieses Thema hat mich umso mehr fasziniert, je mehr ich mich damit beschäftigte. Der Mensch war schon immer ein Wunder für mich, so wie eigentlich jedes Lebewesen. Wenn ich nur an eine kleine Ameise denke, winzig für uns und doch riesig im Vergleich zu Atomen, Molekülen, oder Genen. Bei allem technischem Fortschritt und jeder Menge Erfindergeist sind wir nicht in der Lage, so ein Objekt nachzubauen, das sich selbstständig bewegt, mit Energie versorgt und auch noch für Nachwuchs sorgt. Ein Rasenroboter kann sich zwar selbstständig entweder chaotisch oder aber GPS-gesteuert im Garten bewegen und ist auch in der Lage, für Energienachschub zu sorgen, indem er in die Ladestation fährt. Aber mit dem Nachwuchs klappt es dann doch nicht und ihn in der Größe einer Ameise zu bauen, ist der Mensch noch nicht in der Lage. Und das Leben beginnt ja schon in noch viel kleineren Dimensionen, wenn man nur an die winzigen Bakterien (1 – 10 µm) denkt, die in unserem Verdauungssystem unverzichtbar sind, aber auch Krankheiten wie Malaria, Milzbrand oder Tuberkulose überbringen können. Ich will jetzt hier nicht näher auf das Leben von Organismen eingehen, aber ein wenig tiefer einsteigen in das, was in unserem Körper passierte, als wir GIST-Patienten zu Mutanten wurden. Anders als in vielen Filmen mit diesem Thema sieht man uns die Mutation in unserem Körper aber nicht an. Wir sind nicht stärker, eher schwächer. Wir sehen auch nicht anders aus, wenn ich mal von Haut- und Haarfarbe absehe, die sich bei einigen von uns verändert. Und trotzdem hat sich in unseren winzigen Genen mindestens an einer Stelle etwas verändert, was unseren ganzen Körper und unser weiteres Leben sehr stark beeinflussen wird. Für alle Interessierte versuche ich daher hier, etwas näher auf die DNA, die Gene und die Mutationen einzugehen.

(Auszug aus meinem Buch GIST, Gene und Mutationen)

1

Abbildungen

20.0.1 Gemeinfreie Bilder von Wikimedia.org

Der Gemeinfreiheit unterliegen alle geistigen Schöpfungen, an denen keine Immaterialgüterrechte, insbesondere kein Urheberrecht, bestehen. Gemeinfreie Güter können von jedermann ohne eine Genehmigung oder Zahlungsverpflichtung zu jedem beliebigen Zweck verwendet werden. Wer Immaterialgüterrechte geltend macht (Schutzrechtsberühmung), obwohl das Gut in Wahrheit gemeinfrei ist, kann Gegenansprüche des zu Unrecht in Anspruch Genommenen auslösen.

20.0.2 Public Domain Cliparts

Public Domain Cliparts (https://openclipart.org)

- Alle Kapitelbilder
- Public Domain image von Wikimedia Commons, Alte Druckerei, aus dem Buch „A History of Graphic Design", John Wiley & Sons, Inc. 1998. (p64), Seite 8
- Autor am Schreibtisch, Seite 12
- Buchdrucker im 19. Jahrhundert, aus dem Buch „The Illustrated History of England, Henry Dulken, 1888, Seite 17
- Verzweifelter Mann, Seite 23
- Mann mit Geldsack, Seite 27
- Abb. 2 LaTeX-System, Seite 35
- Eifriger Leser, Seite 61
- Spion, Seite 82
- Gehirnoperation, Seite 87
- Grafische Initiale D, Seite 92
- Schreibender Junge, vom Text umflossen, Seite 179
- Baum und Zug mit Hase im Vordergrund, Seite 202
- Nachdenklicher Mann, Seite 208
- Bekanntmachung LaTeX, seite 220

Tabellenverzeichnis

Beispiel-Listings

Stichwortverzeichnis

Quellenangaben

[1] Gregor Barth. *Satzspiegel und Seitenaufteilung in LaTeX.* URL: https://www.teuderun.de/latex/layout/satzspiegel/ (besucht am 06.08.2018).

[2] golatex. *LaTeX-Einheiten.* URL: https://golatex.de/wiki/LaTeX-Einheiten (besucht am 09.08.2018).

[3] golatex. *Minimalbeispiel bei LaTeX-Problem.* URL: https://golatex.de/wiki/Minimalbeispiel (besucht am 18.07.2018).

[4] Markus Kohm. *KOMA-Script.* 6. Auflage, 2018. lehmanns media, 2018. ISBN: 978-3-86541-951-4.

[5] Elke und Michael Niedermair. *LaTeX Das Praxisbuch. Studienausgabe mit DVD9.* 3. Auflage, 2006. Franzis Verlag, 2006. ISBN: 978-3-77236-930-8.

[6] openclipart Mitglieder. *Cliparts für die freie Nutzung.* URL: https://openclipart.org/ (besucht am 05.09.2018).

[7] TeXWelt Mitglieder. *TeXWelt Forum - deutschsprachig.* URL: https://texwelt.de/wissen/themen/tikz/ (besucht am 17.08.2018).

[8] Mathias Pospiech. *Hinweise zur Nutzung von Schriften mit LaTeX. Freie Schriften für LaTeX.* URL: http://matthias-pospiech.de/latex/vorlagen/allgemein/preambel/fonts/2/#toc-freie-schriften (besucht am 26.07.2018).

[9] Dr. Paul Schmidt. *TikZ-Tutorial - no longer supported.* URL: http://www.statistiker-wg.de/pgf/tutorials.htm (besucht am 17.08.2018).

[10] Alexander Solschenizyn. *Lenin in Zürich. Die entscheidenden Jahre vor der Oktoberrevolution.* ungekürzte Taschenbuchausgabe. Wilhelm Heyne Verlag, 1990. ISBN: 3-453-04348-0.

[11]   Till Tantau. *TikZ & PGF Manual.* URL: http://texdoc.net/
       pkg/tikz (besucht am 17. 08. 2018).

[12]   Herbert Voß. *PSTricks. Grafik mit PostScript für TeX und
       LaTeX.* 7. Auflage, 2016. lehmanns media, 2016. ISBN: 978-3-
       86541-858-6.

[13]   wikibooks. *LaTeX/Picture. Basic commands und Beispiele.*
       URL: https://en.wikibooks.org/wiki/LaTeX/Picture (besucht
       am 04. 08. 2018).

[14]   wikipedia. *Hurenkind und Schusterjunge.* URL: https://de.
       wikipedia.org/wiki/Hurenkind_und_Schusterjunge (besucht
       am 29. 07. 2018).

21 Literatur-Empfehlungen

21.1 GIST, Gene und Mutationen

Helmut B. Gohlisch – Erfahrungen mit dem und Hintergründe zum gastrointestinalen Stromatumor

Je mehr ich mich mit der Krebserkrankung im Allgemeinen, dem GIST im Besonderen und der menschlichen Körperzelle im Speziellen beschäftigt habe, desto mehr verstand ich meine Krankheit und umso mehr wunderte ich mich, dass ich bei dem

chemischen Chaos überhaupt lebe. Aber ich hatte mich getäuscht. Hinter dem vermeintlichen Chaos steckt ein unheimlich präzise arbeitendes System. Dieses Buch ist eine deutlich erweiterte Version von »GIST – Ein Tumor verliert seinen Schrecken«. Ergänzend zu meinen Erfahrungen mit der Krankheit, den Operationen und der medikamentösen Therapie habe ich auf über 130 zusätzlichen Seiten Informationen zu den Themen DNA, Gene und Mutationen sowie den Fortschritten in der Krebsmedizin und Molekularbiologie aufgenommen. Trotz aller Biologie und Chemie bleibt diese Ausgabe aber weiterhin ein Buch für Laien und Mitbetroffene der seltenen Krebserkrankung gastrointestinaler Stromatumor (GIST).

Paperback Format A5, 1. Auflage Juni 2018, 504 Seiten, Preis 28,90 Euro, ISBN 978-3752878011

21.2 GIST – Ein Tumor verliert seinen Schrecken

Helmut B. Gohlisch – Meine Erfahrungen mit dem gastrointestinalen Stromatumor

...Sonntags, es war der 30. Juni, der Tag, an dem ich abends das Finale der Fußballweltmeisterschaft 2002 zwischen Deutschland und Brasilien sehen wollte, ging es mir dann wieder schlechter. Übelkeit, Fieber und Bewusstlosigkeit kehrten zurück. An Aufstehen war nicht zu denken. Es wurde immer schlimmer. Zur Übelkeit kamen noch Durchfall, Schüttelfrost und Fieberanfälle hinzu. Der Stuhl war tiefschwarz und am Toilettenpapier konnte ich Blut erkennen. Als ich dann gegen Mittag wieder das Bewusstsein verlor und nicht mehr auf Fragen meiner Frau reagierte, rief sie die Notrufnummer 112 an. Die Sanitäter mit ihrem Rettungswagen waren schnell zur Stelle, erkannten aber sofort die Notlage und riefen einen Notarzt hinzu, der auch kurze Zeit später vor Ort war. Von dem, was sich seit Eintreffen der Sanitäter abspielte, weiß ich nichts und kann nur wiedergeben, wie es meine Frau erlebt hat.

Wie es zu dieser dramatischen Situation kommt, was davor geschah und wie es weiterging, versuche ich in diesem Buch zu schildern. Immerhin habe ich den GIST schon 15 Jahre überlebt – sonst hätte ich dieses Büchlein nicht schreiben können.

Paperback Format A5, 2. Auflage Mai 2018, 358 Seiten, Preis 24,90 Euro, ISBN 978-3746075723

21.3 Die blaue Bank

Helmut B. Gohlisch – 36 Geschichten, die das Leben schrieb

Eine Lebensgeschichte aus Ost- und West, erzählt in mehreren Kurzgeschichten. Es geht um flucht und Neuanfang, Schule und Beruf, Arbeitslosigkeit und den Sprung in die Selbstständigkeit. Von schönen Zeiten aber auch traurigen Erfahrungen mit dem Tod wird geschrieben, so wie das Leben nun mal spielt.

Manchmal geht es ohne Glück nicht weiter: Wenn Du schon als kleines Kind »den Westen« nur knapp erreichst. Wenn Du als Soldat versehentlich auf dem Übungsziel einer Luftwaffen-Schießübung sitzt. Oder wenn Dir ein wunderbares Medikament in scheinbar hoffnungsloser Krankheit das Leben rettet.

Helmut Gohlisch breitet ein buntes, oft lustiges, nur selten trauriges Panorama seines Lebens aus. Wer sich für das Leben im Deutschland der Nachkriegszeit interessiert, der wird hier viele hübsche Anekdoten und Begebenheiten finden. Wer zudem von den Kindertagen der Computertechnik, von treuen VW Käfern, von einem Starfighter im eigenen Garten und anderen kuriosen Dingen aus erster Hand erfahren möchte, der sollte dieses Buch unbedingt lesen.

Dr. Uwe Wolter

Paperback Format A5, 1. Auflage November 2017, 396 Seiten, Preis 16,90 Euro, ISBN 978-3744890441

21.4 Blaue Hoffnung für GIST-Patienten

Helmut B. Gohlisch – Meine Erfahrungen mit Avapritinib (BLU285)

Meine Erfahrungen in der Voyager-BLU285 Studie in Berlin. Neben den medizinischen Themen enthält das Buch eine ganze Reihe weiterer Geschichten.

Der Zeitraum von Mitte 2018 bis Mitte 2020 meiner GIST-Therapie wird in diesem Buch dargestellt.

Schwarz-Weiss-Version
Taschenbuch Paperback Format A5, 1. Auflage Juni 2020, 212 Seiten, Preis 16,90 Euro, ISBN 978-3751938068, über 130 Bilder

Farb-Version
Taschenbuch Paperback Format A5, 1. Auflage Juni 2020, 212 Seiten, Preis 25,90 Euro, ISBN 978-3751968560, 112 Farbbilder, weitere Bilder in schwarz/-weiß

Hinweis: Beide Bücher enthalten gleichen Text und gleiche Bilder. Der Unterschied liegt nur darin, dass die Farbversion 112 Bilder in Farbe enthält.

22 LaTeX für Buchautoren – Infoseite

Band 1: Einführung
Ein praktisches Beispiel für die Erstellung des Buchblocks für ein Taschenbuch, 3. Auflage, Juli 2020

Texterstellung mit TeXMAKER
Bildbearbeitung mit Adobe Photoshop CS6

Layout und Buchzusammenstellung mit LaTeX / XeLaTeX
Umschlaggestaltung und Titelbild: Helmut B. Gohlisch
Stilistisches Lektorat: M. Wolter, H. Gohlisch
Abbildungen © Helmut B. Gohlisch und Public Domain Cliparts
(https://openclipart.org) sowie gemeinfreie Bilder von
Wikimedia.org

Paperback Format 170x220 mm
BCOR=10 mm, DIV=12, Schrift: LModern 12 pt
Standard geometry: papersize={170mm,220mm},
textheight=175mm, textwidth=118mm, inner=24mm, outer=28mm
WideMargin geometry:
textheight=175mm, textwidth=111mm, inner=24mm, outer=35mm,
marginparwidth=28mm, marginparsep=4mm

Für Anfragen, Hinweise oder auch Kritik erreichen Sie den Autor
unter gohlisch@t-online.de

Ergänzende Infos und Hinweise zum Buch finden Sie auf meinen
Webseiten im Internet unter »www.gohlisch.info«

Falls Sie das Buch im BoD-Buchshop oder bei Amazon gekauft haben, würde ich mich über eine Bewertung sehr freuen. Herstellung

und Verlag: BoD – Books on Demand, Norderstedt
ISBN 978-3-7528-7347-4

Den **Buchshop des Verlages** finden Sie im Internet unter
https://www.bod.de/buchshop/

Meine **Autorenseite bei Amazon** finden Sie unter
https://www.amazon.de/-/e/B076DMWRM8

Diese Auflage des Buches wurde in der Zeit vom 19. März 2020 bis
zum 23. Juli 2020 überarbeitet.